CW00724213

Novela de
Andrés Choz

José María Merino
Novela de
Andrés Choz

ALFAGUARA

ALFAGUARA

© 1976, José María Merino
© De esta edición:
   1993, Santillana, S. A. (Alfaguara)
   Juan Bravo, 38. 28006 Madrid
   Teléfono (91) 322 47 00
   Telefax (91) 322 47 71

• Aguilar, Altea, Taurus, Alfaguara S. A.
Beazley 3860. 1437 Buenos Aires
• Aguilar Mexicana de Ediciones S. A.
Avda. Universidad, 767. 03100 México DF

   ISBN:84-204-2712-8
   Depósito legal: M. 37.506-1992
   Ilustración de la cubierta:
   Fragmento de *Todas las luces,*
   de Paul Delvaux

   Todos los derechos reservados.
   Esta publicación no puede ser
   reproducida, ni en todo ni en parte,
   ni registrada en o transmitida por,
   un sistema de recuperación
   de información, en ninguna forma
   ni por ningún medio, sea mecánico,
   fotoquímico, electrónico, magnético,
   electroóptico, por fotocopia,
   o cualquier otro, sin el permiso previo
   por escrito de la editorial.

Siempre para ti, con mi amor

(La última luz se escurría por la arboleda acuchillando las sombras, palpitaba el frescor del anochecer entre alientos postreros de canícula, las urracas alborotaban el matorral, algún murciélago iniciaba su afán vespertino, y él persistía en su caminar ensimismado, ajeno a la calma dorada, sin percibir otra cosa que su propia angustia: una garra que escarbaba en su corazón, una brasa encendida en el interior de su cabeza. Pero por fin se detuvo a la sombra de una gran encina y apoyó una mano en el tronco. La música, que a lo largo de la marcha había sido un eco cada vez menos borroso, sonó de pronto muy cercana, definiendo los perfiles de una melodía familiar, y consiguió penetrar en los embebidos ánimos. Así volvió a la conciencia: su mano reconoció el tacto áspero de la encina, su mirada descubrió la antigua cicatriz de un desgaje en el rugoso tronco. Y cuando la melodía se repitió, Andrés Choz se recuperó definitivamente de la estupefacción y echó a andar otra vez, dejando atrás el monte solitario.)

—Por eso no estabas en casa.

Andrés Choz asiente con la cabeza. Pellizca el pan y se lleva un pedazo a la boca. Gordo sirve vino en los vasos de ambos.

—Volviste muy tarde, entonces.

—Muy tarde no. Serían las diez y media.

—¿Qué hiciste?

—Me puse a patear la calle sin enterarme.

Mira en silencio al otro durante un momento y continúa:

—Desde el médico hasta qué sé yo dónde sin darme cuenta de nada. Hasta el parque de atracciones anda que te anda. Un montón de kilómetros como un autómata. Absorto, ido.

(Al otro lado de la vaguada aullaban las sirenas, se enardecía la estridencia verbenera. Y en la brusca transición desde el pasmo a la conciencia, desde el silencio al barullo, la turbación que le había empujado hasta allí se transformó en un repentino cansancio que hacía temblar sus manos y agarrotaba los músculos de sus pantorrillas. Descendió a lo largo de la valla, muy cerca del estrépito de la montaña rusa que pasaba vertiginosa, entre carcajadas y chillidos. Una gran nube de polvo ascendía lentamente, atravesada por la luz de los focos. Bajo el cielo todavía tenuemente azul y las bombillas multicolores, las gentes se apresuraban en torno a las norias y las barracas. Los carruseles giraban con el ritmo del vals, con el compás del pasodoble, y Andrés Choz había observado la ajena algazara con la intuición de un misterioso disimulo.)

—Me llené de polvo, sudé a chorros. Anduve y anduve sin sentir el sol. Hasta que me despabiló la música de allí, aquel follón de feria. Ese barullo en que todo parece fingido, como el rodaje de una película, como si las luces y los ruidos y el mismo gentío no fuesen otra cosa que los decorados y las masas que alguien está manejando para presentar un espectáculo.

(Aquella figuración persistió mientras esperaba un taxi, en la entrada del recinto. Los intermitentes resplandores, en la carretera, convertían los bultos sombríos en súbitos automóviles, en ramajes y rostros inesperados que brillaban un momento antes de ser atrapados nuevamente por la oscuridad.)

—Pero no te quedarías allí.
—No, qué va. Cogí por fin un taxi y volví a casa.

(Desde el taxi había contemplado otra vez el panorama urbano en que inició su frenética caminata, un paisaje iluminado por la luz artificial que permitía la concreción de aquellos letreros —Hostal Residencia Peñas Arriba, Bar El Quince, Bar Nuevo, El Arcón del Godo, Todo por la Patria, Callista, Jónica Compañía de Seguros— que se sucedían con apariencia también de pertenecer a un decorado. El taxista había vuelto la cabeza enarbolando el periódico: ha visto usted, dijo. Andrés Choz le miraba sin comprender. Cambió el color del semáforo, el taxista reemprendió la marcha y leyó luego de reojo: notable mejoría, ha pasado bien la noche. Andrés Choz había exclamado: ah, sí. El taxista sonrió: que nos entierra a todos, verdá usted, y Andrés Choz había estado a punto de contestar: por lo menos a mí, pero con la ocurrencia reincidió en la consideración de su propio desastre, que por unos momentos había olvidado, y sin escuchar más al hombre —menuda encarnadura, oiga, dos enfermedades en treinta y cinco años— se perdió otra vez en el desierto brumoso de su pasmo hasta ser rescatado por la voz del taxista, ahora insistente: me dijo el veintinueve, verdad, y Andrés Choz asintió con apresuramiento: perdone, dijo, y al buscar el dinero encontró una vez más el arrugado sobre que guardaba su sentencia.)

—Volví a casa porque total qué hacía.
—¿Tienes ahí el análisis?
Él se lo alarga.

(Y cuando había abierto la puerta de casa, el teléfono, que sonaba, dejó de repicar. Andrés Choz encendió la luz y contempló la sala reconociendo los huecos y las penumbras. Luego dejó el sobre en la mesita y se sentó, pero sólo unos instantes, porque en seguida se había acercado a la librería para buscar un tomo del diccionario. Cuando lo tuvo, volvió a sentarse y pasó deprisa las hojas.

—*Med. 1. Llamado también «epitelioma maligno o carcinoma». Constituye una neoplasia maligna de los elementos epiteliales.*

Andrés Choz había leído con decepción creciente los conceptos extraños hasta encontrar su propio mal grabado en una frase simple, abstrusa. De nuevo se alzó dentro de él una ola de emoción dolorosa, pero había releído la voz lentamente, como si esperase descubrir, bajo la descripción científica sumaria, un significado doméstico, abarcable, en el que pudiera refugiarse cierta esperanza.)

Gordo le mira, pregunta:

—¿No lo sabía cuando la primera biopsia?

—Yo qué sé. Supongo que sí. Seguro que sí. Pero se ve que esta vez ya no tuvo duda. La metástasis quiere decir que hay diseminación. Claro que lo sabría.

Gordo vuelve su mirada al diagnóstico. Andrés Choz prosigue:

—Yo le dije: no me vengas con cuentos, hace muchos años que te conozco. Ya sabes que su padre fue compañero mío en la Universidad y además murió de lo mismo, hay que fastidiarse. No me cuentes historias, le dije. Que quería saber la verdad desnuda, vamos.

Gordo deja por fin el papel sobre la mesa, guarda las gafas en el estuche.

—Y ya ves, Gordo, fatal. Erre i pe.

—Te operarán.

Andrés Choz recupera el papel. Acciona con él mientras habla:

—No, Gordo, ya lo has visto. «Dada la extensión, etcétera, no se indica intervención quirúrgica.»

Gordo hace chascar la lengua.

(Durante un rato había mirado fijamente la página del diccionario, hasta que las letras perdieron todo significado. Alzó la mano y pasó las páginas: Candela, vela para alumbrar pero también la flor del castaño; Carnac, Población de Francia, las mágicas alineaciones se mezclaron en su sentimiento con recuerdos de guerra, con ansiedades viejas; Carnarvon o la aseveración bastante respetable de que algunos tesoros son ciertos; Rosalía, al margen del apellido el retrato que pintara Madrazo, qué temeroso rictus el de ella, ese vestido fúnebre, monjil, y le vino a la memoria aquel verso:

Una luciérnaga entre el musgo brilla
y un astro en las alturas centellea;
abismo arriba y en el fondo abismo,
¿qué es al fin lo que acaba y lo que queda?

Ante la sucesión de las voces, Andrés Choz había comprobado con amargura que hay miles de ellas que nunca leyó, que nunca leería. Los cefalópodos enarbolaron sus hermosas estructuras. Redescubría palabras sugerentes de olores tropicales. Tristes historias, así la de Beatriz Cenci. Encontrarás precisamente ahora el agua fecunda que empaparía tus secanos, había pensado, y también quién dijo eso, cuando la palabra «concepto», hizo asomar remotas arborescencias que exhalaron el aroma de algún olvidado temario académico:

Ser

Sustancia   Accidente

Corpórea   Incorpórea

Orgánica   Inorgánica

Sensible   Insensible

Racional   Irracional

Qué sabiduría satisfecha, pensó, y miró hacia
lo lejos, tras la masa de los tejados, donde
había sorprendido el relumbrón de un relám-
pago. Luego dejó el tomo, se puso de pie,
aspiró lentamente, llenándose de aire los pulmones donde habita el latido ominoso, allí
donde Kraken acecha, esa presencia prolife-
rante hecha de funestos tentáculos, de ramas
o raicillas aciagas que crecen, progresan, se
extienden a los pacíficos rincones. Como en
las diapositivas que le proyectó el médico, su
mal fotografiado tendría también esos colores
verdes, ocres, rojos, aquellas manchas que
parecen dibujadas por una plumilla minuciosa, huellas como imitando las digitales de
manos fantasmas, esos borrones que se sobre-
ponen como las neblinas de un paisaje imagi-
nario y que, sin perder su precisión, compo-
nen perspectivas de celajes suavísimos.)

—O sea, que se acabó, Gordo.

—¿No puede hacerse nada?

—Yo se lo pregunté, claro, qué posibilidades tengo, le dije. Él hizo una exposición detallada del asunto. En resumen, que de operar nada. Ese eufemismo que puso aquí. Para qué engañarnos, dijo; mejor dejarlo como está.

El rostro del Gordo tiene una expresión afligida, con las cejas desplomándose por los extremos exteriores. Un gesto plañidero.

—Se le notaba emocionado. Eso de ser tan explícito con un viejo conocido debía excitar un poco su sadismo.

—Hombre, Andrés.

Andrés Choz suspira.

—Perdona, ya sé que es mala leche. Pero pensé que estaba siendo demasiado prolijo, deseaba perderle de vista. Qué absurdo: yo me había puesto en el papel del paciente que quiere apurar la verdad hasta las heces, él se esforzaba en aclarármelo todo, incluso con proyecciones de diapositivas, y a mí me estaba cayendo cada vez peor.

(Se bañó. Y después, a eso de las once y media, había recorrido las estanterías en presuroso repaso de libros, picoteando versos o dedicatorias, gustando otra vez títulos admirados o párrafos que en alguna ocasión subrayara, encontrando entre las hojas flores secas, fotografías, calendarios de cartera, algún prospecto medicinal. A la una de la madrugada bebió la tercera copa y se dispuso a ordenar los cajones inferiores de la librería, veinte años de papel sedimentado en carpetas y atadijos, cuya ordenación, tantas veces iniciada, había pospuesto definitivamente la muerte de Julia. Le sorprendió encontrar restos cuya existencia había olvidado mucho tiempo atrás: panfletos de la propaganda aliada, periódicos clandestinos, postales pintorescas, los primeros palotes de su hija. También encontró sus cartas de noviazgo con Julia, en varios paquetes atados con cintas, y estuvo releyéndose lleno de melancolía. Qué jóvenes entonces y qué ignorancia del tiempo, de la soledad, de la muerte. Ante los períodos alambicados que expresaron alguna vez nostalgia, deseo, ternura, Andrés Choz rememoró excursiones bajo los avellanos, besos en el anochecer, risas junto a regatos transparentes. Pero al cabo había roto sus cartas y las de Julia —tan cuidadosamente caligrafiadas, tan ordenadas— y había tirado los pedazos a la papelera. Y cuando terminó con la correspondencia había destruido todos los papeles que podían relacionarse con Julia y con él. De pronto, y en la pesquisa de nuevos restos que eliminar, había hallado tres relatos, algunos poemas, un cuento que una vez le escribió a su hija, y una carpeta azul que guardaba varios folios manuscritos. En el primero figuraba el título, con escritura de mayúsculas: NOVELA DEL HERMANO ONS.)

Gordo se ha quedado inmóvil y Andrés Choz extiende el brazo derecho y le palmea un hombro.

—Ánimo, Gordo. Pareces tú el desahuciado.

Gordo inclina la cabeza, mantiene la mueca compungida durante la fervorosa masticación, le mira otra vez y musita:

—No te haces idea de cuánto lo siento. Tengo un disgusto bárbaro.

(La novela del Hermano Ons: el único relato largo que hubiera escrito en su vida estaba sintetizado en aquellas siete hojas. De la brevísima narración podía deducirse ese optimismo ingenuo de las sinopsis que todavía no han sido forzadas a los dolores del crecimiento: un fabuloso extraterrestre que patrulla por los espacios siderales recogiendo los datos de la vida, ve destruida su nave en un accidente y es arrojado a la Tierra, donde convive la experiencia humana disimulado bajo la apariencia de un perro. Y Andrés Choz había recordado las largas conversaciones con Julia y con Gordo sobre el asunto, el fervor de ella, el propio Gordo había estado de acuerdo en que el tema podía ser interesante. Incluso había dicho: visto el género, podíamos sacarla nosotros mismos. En Marginalia, sin duda. Pero primero tienes que escribirla.)

—He pensado tomarme las vacaciones ya.
Gordo mueve de un lado a otro la poderosa cabeza.
—Haz lo que quieras, lo que te apetezca.
—Marcharme mañana mismo. O esta tarde. Coger el coche y carretera. Largarme de aquí.
—Tú ya sabes que puedes hacer lo que quieras.
—Irme a un lugar tranquilo. Al mar.
—Con tu hija.
—No. Yo solo. No quiero ver a nadie.
Gordo respira con algo de dificultad. Escancia en su vaso el vino que queda en la botella y contempla el plato vacío.
—Quiero ir a algún sitio fresco y apacible.
Gordo le apunta con el tenedor.
—Deberías venirte unos días al chalé.
—No, Gordo.
—¿Y tu hija? ¿Cuándo se lo vas a decir a tu hija?
Andrés Choz no contesta. Tamborilea en la mesa con los dedos. Por fin dice:
—Me voy al norte. Al orbayo.

(Pasadas las cuatro de la madrugada había bebido bastante más y se fue a la cama, dejando muchos papeles desperdigados por el suelo del estudio. Y cuando apagó la luz, la oscuridad habitual de su cuarto se convirtió en una oscuridad mucho más densa y se podía sospechar que ningún interruptor sería capaz de asegurar el retorno a la perspectiva habitual del pasillo entre la cama y el armario, del cuadro de flores en la pared de enfrente, del reloj sobre la mesita. Así también la muerte, había pensado, así el nunca jamás. Sus temerosas cavilaciones le fueron llevando a imaginar los millones de circunstancias que, desde el inicio del tiempo, se hubieron de ajustar para que él existiera algún día. Acaso el primer latido, el latido original, fue una semilla llovida de las fuentes del espacio, como algún sabio especuló, una simiente que inimaginables eyaculadores lanzaron bajo las estrellas lejanas. O quizá apareció en el océano preliminar como consecuencia de las fermentaciones ribereñas. Pero alguna vez fue sin duda el agobio del primer protoplasma: larvarias palpitaciones agitarían su minúscula maraña hasta llegar a otras formas azarosas, tal vez la del gusano entre los filamentos y los cataclismos, asomando del huevo, arrastrando su breve baba sobre los cienos puros. Así todas las coincidencias sucesivas hacia la bestia vertical. Y luego, el hombre. Y a través de los infi-

21

nitos encuentros, miríadas de espermatozoides repetirían su incansable aventura hacia innumerables óvulos, para originar precisamente el óvulo y el espermatozoide de cuya conjunción solamente podría surgir Andrés Choz. Y todo aquel esfuerzo, toda aquella energía, resueltos en este soplo sucinto antes de la vuelta a la negrura definitiva. Sería entonces cuando se encontró convertido en un perro, y aunque durante un momento supo que era un sueño, las sensaciones físicas del perro eran reales por lo ajenas a las habituales del propio soñador. Así los movimientos musculares, la visión, el olfato. Y soñó que era un perro blanco que corría por una planicie llena de sombras mientras algo le perseguía. Huía desesperado, lleno de terror, consciente de la progresiva proximidad del perseguidor invisible. Un soplo helado llegaba hasta él desde la cercana presencia. Súbitamente, el ser que iba detrás logró alcanzarlo. Él lo sentía clavándose en su espalda, deslizándose como un frío progresivo por los entresijos de su cuerpo. Y así se había despertado. Pero ya no era el frío. En la duermevela del despertar, creía percibir la maligna irradiación, el avance inexorable del monstruoso ejército a través de los microscópicos desfiladeros, de las diminutas escabrosidades. Eran más de las once y se oía ruido en el estudio. Se levantó y se asomó a la puerta. Saludó a la mujer que, enarbolando el plumero, le reprochaba el insólito desorden: y estos papeles los pondré encima de la mesa, ¿no? Andrés Choz había entrado en el cuarto de baño y observó durante un rato su propia imagen en el espejo. Ecce homo, musitó, y se miraba el interior de la boca, una pena este puente tan nuevo, las comisuras de los ojos, las orejas. Por poco ya, carísimo.)

—A ponerme un jersey. Ya pensé en el sitio. Imagínate qué voy a hacer.

Gordo cava con la cucharilla en la nata. Una incipiente congestión enrojece sus rotundas orejas. El rostro no ha perdido su mueca desolada.

—¿Qué vas a hacer? ¿De qué hablas?

—Vamos, Gordo, pareces tú el condenado.

—No digas eso.

—Voy a escribir.

—¿A escribir?

Recuerda Andrés Choz una sobremesa del último verano en que Julia estuvo viva. También Gordo se estaba comiendo aquel día un postre semejante.

—¿Te acuerdas de aquello del Hermano Ons?

Seguro que también habrían colgado unas escurriduras de nata en los bigotes del Gordo.

—¿Lo del marciano?

—No era marciano, Gordo.

—¿Vas a escribir lo del marciano? Perdona.

—Sí. Y necesito un sitio plácido, sin este calor. Y sentarme a escribir con calma.

—El extraterrestre aquél que se transformaba en perro, ¿verdad?

—No se transformaba. Aparentaba que era un perro. Se hacía pasar por un perro.

Gordo llama al camarero y le encarga café para los dos. Luego dice:

—Yo creo que aquello estaba bastante bien. Por lo menos, la idea.

—Encerrarme a escribir.

—Tú haz lo que quieras, ya te lo he dicho. Estaría bueno. ¿Cuándo tienes que volver al médico?

El camarero retira los platos. Andrés Choz dice, con sorna:

—Ya tenía ganas de una ocasión así, como si dijésemos.

—Lo que te dé la gana. Ya sabes que por la empresa no hay problema.

—En fin, Gordo, será mi testamento. Te la dedicaré.

Gordo se limpia melancólicamente con la servilleta, suspira.

—No debería comer tanto dulce. Me va a dar algo el día menos pensado.

(Uno)

5/VIII/1974

Querido Gordo, no pienses que escondía mi paradero: esperaba ver algo claro, siquiera el leve esquema que perfilé hace tanto tiempo, el plan de trabajo, haber avanzado un par de pasos, poder comunicarte alguna noticia satisfactoria. Pero ahora resulta que después de ocho días de esforzado frenesí pendolista tengo que desechar mi labor. Así que me encuentro bastante desorientado, como comprenderás.

No te cuento las peripecias de mi acomodo, que fueron nimias: Benilde me miró, unió sus manos con aire pío, exclamó mi nombre recordándome. Fue consolador. Yo la conocí en mi viaje de novios, figúrate, cuando ella tenía quince años; la vi otra vez a los treinta, un verano que vinimos; la vuelvo a ver ahora y aparte su gordura, su detrimento físico, es la misma de las veces aquellas. Fue una chica preciosa. Yo soy su único huésped y me sobrealimenta, me mima, me regaña. Pero vale: estoy instalado y

25

ya tienes mi dirección, y Julita. Regularicé mis comunicaciones con el mundo.

Tú ya conoces esto y sabes lo hermoso que es: praderas, eucaliptos, tapias de piedra, algún caserío; encima el cielo gris, detrás el mar. Veo el paisaje desde mi escritorio. Por eso, como te digo, lo único malo es mi situación literaria. Me explico:

Si recuerdas, que no recordarás, mi planteamiento inicial era que el extraterrestre narraría su aventura directamente, por medio de una suerte de «informe» a sus congéneres.

Pensé en el informe durante todo el viaje hasta aquí, imaginando el lenguaje que debería utilizar mi protagonista. Deslumbrado yo mismo por la potencia intelectual que le he supuesto, pensaba que sólo a través de ambigüedad bien temperada podría alcanzar el tono preciso.

Aun reconociendo la dificultad de encontrar las expresiones más adecuadas, me mantenía animoso, porque creía conocer las propiedades esenciales del personaje, sus rasgos, sus raíces, sus contornos: mente poderosa, recuerdo dilatado, firmísima razón. De modo que hacerle hablar no parecía amenazar dificultades mayores: en definitiva, se trata solamente de un problema terminológico, me decía yo. Y en la soledad del viaje declamaba imaginarias cláusulas de barroquismo interplanetario, pero eficaces, creía, pobre.

Después de aposentarme, metido ya en esa cama enorme de blandura añeja, seguía cavilando. Y al día siguiente, sin dejarme tentar por la playa aunque la mañana tenía algo de sol (admira la insólita exaltación literaria del que suscribe), me puse a trabajar.

Trabajé enardecido, ya me dolía la mano pero con la máquina soy tan lento, dale que te pego todo el día, de modo que a la hora de cenar había concluido el octavo folio.

Así seguí dos días más, lleno de euforia. Pero aquel optimismo mío se difuminó el tercer día; consecuencia de una relectura pausada, tras un largo paseo y el primer baño en el mar.

Porque resultaba que mi personaje, para quien nuestro tiempo existe apenas, que ha conocido universos en la peripecia de nacer y otros ya muertos y apagados, esa criatura cuya sustancia física se parecería más a la de los dioses que a la de los mortales, hablaba como un rapsoda pedantón, salpicándolo todo de escurriduras retóricas.

Esto se había suscitado por la dificultad de sujetarle a una convención conceptual: mi ingenua creencia de que los problemas del relato eran únicamente terminológicos me había hecho acudir a las palabras en que me parecía encontrar significados fácilmente universalizables; según este criterio, mi protagonista denominaría «hermanos» a sus congéneres, «pueblo» a la comunidad de sus congéneres, «máquina» al vehículo fabuloso que le transportaba, «testimonio» al propio relato.

Pero del mismo modo que yo adivinaba en el lector una aceptación pacífica de estos vocablos, era razonable dudar y dudé, de la verosimilitud de muchos otros que se me iban presentando al hilo de la narración. Porque cómo mi personaje, tan lejos de lo humano, llamaría hidrógeno al hidrógeno, sol al sol, noche a la noche, cómo admitir que diese a los colores el mismo nombre que les damos nosotros.

Y estas consideraciones me habían llevado a creer que unas gotas de metaforismo cósmico más o menos funcional serían capaces de facilitar la «universalización» de los conceptos demasiado concretos: el hidrógeno, había razonado yo, en cuanto fuente de energía, sería denominado «madre». A partir de éste que pensé descubrimiento, imagínate: al universo del informe se incorporaron alegremente líquidos de rotunda solidez, sólidos fluyentes, mamíferos implumes y un vocabulario bastante abstracto sobre densidades de, turbiones de incandescencia, latido prebiótico.

Había pensado, pues, que ya estaba resuelto el problema de los vocablos y sinteticé en figuraciones de aquel estilo el correspondiente libro de la naturaleza de *Life*.

Así, mi personaje comenzó su testimonio a través de breves imágenes de sus experiencias cosmogónicas, describiendo por ejemplo:

> Mundos en que la Madre se retuerce y cru-
> je, enrosca el torbellino primigenio, enar-
> dece el pálpito natal en las entrañas de su
> propio remolino, enciende en la negrura el
> garabato de la luz original...

aludiendo luego a otros mundos en que

> La Madre aúlla en una algarabía de cataratas
> que se incorporan, de torrentes que se atraen
> y se repelen, de columnas desmoronadas de
> súbito, mientras el remolino pierde su im-
> precisión y afirma penosamente las imáge-
> nes primeras: bultos innumerables en torno
> a la estrella recién nacida...

(No olvides, Gordo, que mi extraterrestre
ha conocido todos los momentos del parto de un
universo: además de los inicios caóticos y bullentes, los mundos en que una estrella refulge
sosegada. Y también ha contemplado la inaugu-
ración de la vida en alguno de los astros, el es-
tremecimiento de los primeros corpúsculos, y
puede atestiguar qué sé yo qué: los momentos
sucesivos en que la materia va consiguiendo estructuras cada vez más complejas a través de aza-
rosos equilibrios, cómo se van perfilando los sistemas de reproducción, cómo las agrupaciones
vivas se ordenan para la supervivencia.)

Las descripciones tenían pues aquel cariz
metafórico. Pero tras elaborar con tanto esfuerzo

la parte introductoria, no pude descansar en el regusto de mi obra, Gordo: como te dije, cuando el cuarto día me aparté unas horas de los papeles y salí de mi encierro y recuperé el sentido de las dimensiones reales de las cosas y de las palabras, toda aquella suntuosidad que había llegado a entusiasmarme mientras seleccionaba vocablos y maquillaba imágenes, se me apareció de pronto como una riada intrascendente narrada por un gacetillero de esos de «lucía la hermosa desposada». Los conceptos, que se habían ido incorporando al asunto con ademán respetable, o al menos neutral, se deshacían ahora entre muecas ramplonas. Estaba bastante claro que la dichosa ampulosidad mía y la falta de un truco conceptual más eficaz anegaron mis buenos deseos, hasta el punto de que yo mismo desconocía a mi protagonista cuando releí aquellos inefables despropósitos urdidos sobre el cañamazo de mi escasísima cultura científica.

Después transcurrieron dos días más con sus noches, el sol ya no volvió a brillar, y yo me pasé el tiempo aquí metido, de modo que llegué a encontrarme fatal, me dieron ganas de mandar al Hermano Ons a freír puñetas y hasta de volver ahí, te lo juro, sólo me inhibió el espejismo del calorón que estará haciendo. Y pensé ya está bien y me fui a recorrer el pueblo en largo paseo, reconociendo rincones que no había olvidado (aunque nunca me propuse recordar), y el Bar Floro, que es bullicioso a pesar de su iluminación austera.

Y al día siguiente, creo que fue el martes, me largué a la playa, tomé el sol, nadé un rato, el agua no estaba demasiado fría, volví cansado, y después de comer me eché una siesta de tres horas.

Esos novillos me reconstituyeron y aquella tarde repasé mis menguados intentos, ya más sereno, y decidí que mi maravilloso protagonista no podía comenzar su informe a los Hermanos con aquella pirotecnia. Así que me planteé de nuevo el relato. Luego sigo.

Sigo: Benilde está muy pelma con la sucesión del reino y los achaques del General, pero me ha dado bien de comer. A lo que íbamos.

Yo veía necesario que apareciese desde el primer momento la condición casi intemporal del personaje. Para ello, nada mejor que la descripción de su propia experiencia, tan alejada de los microcósmicos conocimientos que tiene nuestra especie.

También debería quedar establecido desde el principio del relato que el Hermano Ons no es del todo incorpóreo, aunque su renovación energética es para él una necesidad de mínima cuantía. Por ejemplo, su alimento puede ser cualquier tipo de radiación, sea cual sea su naturaleza, incluso en cantidades insignificantes: la luz de las estrellas, el sonido. (En todo caso, no se parece a ti y perdona lo fácil de la broma.)

Sin embargo, a pesar de mis intentos, no he sido capaz de encontrar la clave: he pasado largos ratos garabateando en el papel sin perfiles legibles, como en un intento compulsivo de que mi intuición pudiese reflejarse de manera autónoma, susceptible de un desarrollo mágico que no necesitase humillarse ante los dictados de la caligrafía y la gramática.

Porque si yo consiguiese dar a conocer los dilatados conocimientos del Hermano Ons de modo menos pretencioso, si pudiese insinuar su estructura física sin caer en lo pedestre, empezaría tranquilamente exponiendo al lector, sin más, el contenido de su labor rutinaria y atenta.

Resolviendo más afinadamente las referencias a Madre, torbellinos, corpúsculos y demás, la cosa podría empezar a enderezarse.

Sería conveniente suscitar, ya de entrada, un interés directo por el personaje. Introducir la idea de que en él se había producido o se estaba produciendo alguna crisis, alguna ruptura. Podía ser algo de este estilo:

«Ya sé que mis informaciones no pueden alcanzar la objetividad ni la riqueza de los Registros, pero acaso la avería no estuvo solamente en la Máquina. Si algo dentro de mí se ha deteriorado también, este testimonio, que es mi última comunicación al Pueblo, puede ayudaros a conocerlo. Si mi decisión no fuese libre, que este testimonio lo revele y os sea útil para evitar que otros Hermanos adopten determinaciones como la mía.»

Por ahí pensaba yo que podía ir la cosa. Ahora convendría que el Hermano Ons aludiese al buen cumplimiento general de su servicio, digo yo que también a los Seres Superiores les tranquilizará justificarse. Esto paliaría, debería paliar, o por lo menos ésa sería su intención, alguna falta grave cometida en el pasado y que tendrá su importancia en el relato:

«Creo que, salvo en aquellas ocasiones, siempre realice mi misión con arreglo a los Planes, cuidé de los Registros, me mantuve Alerta y Ajeno. Si ahora incumplo dilatadamente la Norma, no ha sido por mi voluntad: aquí sin la Máquina ningún aislamiento es posible.»

Pero debo decirte que tuve la impresión de haber salido de los escollos verbales para entrar de lleno en los rompeolas de nuestra tradición literaria, esa obligación cuasimoral de hacerlo todo explícito, incluso con arreglo a subconceptos, si me apuras: y así cada uno de los vocablos me tentaba con su explícame, los Planes parecían pedirme una minuciosa exposición, así como los Registros, pero mi imaginación se puso cautelosa y me aconsejó desistir.

Luego, y como se ha suscitado la existencia de alguna irregularidad en su conducta, convendría remacharlo con una nota dramática que invitase al lector a la curiosa continuidad:

«Yo mismo, a veces, no soy capaz de racionalizar el impulso que me ha traído a esta decisión. De todos modos, cuando encontréis mi testimonio no podréis hacer nada por recuperarme. Tal vez ha fallado mi sistema de correlaciones y sin duda mi comportamiento carece de justificación, pero será inútil que me busquéis, porque habrá transcurrido una inmensidad desde que el tiempo, el fuego más voraz aquí abajo, haya consumido mi existencia, aunque para vosotros sea el lapso insignificante que media entre comunicar "Pérdida de Contacto" desde "Control" a "Salvamento".»

Yo pensaba que, si era capaz de arrancar, lo demás vendría por añadidura. Tras el exordio en que figurasen brevemente las experiencias del narrador y esa alusión a una decisión fuera de lo común, la historia podría remansarse. Tocaría ahora hablar de este planeta, pero eso es más fácil.

El Hermano Ons contaría que, cuando conoció este mundo nuestro, habían pasado ya los estrépitos desordenados del nacimiento. Puede suponer, dadas las anteriores referencias a sus visiones de los orígenes telúricos, que la cadena de la vida ha seguido aquí un proceso similar al de los universos iluminados por soles amarillos. Puede imaginar cómo en este planeta se habrían desarrollado poderosas las estructuras de la vida. Aludiría a caparazones, escamas, aletas. Habría que elaborar algún párrafo sobre las células que, afirmadas en comportamientos cada vez más metódicos, habrían ido canalizando los flujos de la energía a través de procesos permanentes. En fin, que el Hermano Ons supondría que la vida se había multiplicado pujante en todos los enclaves de nuestro planeta:

«Yo no conocí los orígenes de este astro. Cuando me acerqué por vez primera, zumbaba en los Registros el murmullo de la Vida en todas las zonas, en los sectores líquidos y fuera de ellos. En mi ronda inicial observé muchos seres, y destacaban ciertos bípedos, pobladores de asentamientos artificiales.»

Es decir, que la primera vez que nos visitó ya correteaban por aquí nuestros antepasados, sin que el narrador hubiese sospechado su inteligencia, aunque cuando elabora su informe no cabe duda de que nos conoce lo suficiente, según mi idea.

«La inexistencia de instrumentos complejos, la elemental organización de los grupos, el horror religioso a los fenómenos naturales, no me hacían suponer que brillase en ellos el Conocimiento. Por eso me sorprendió la Máquina anunciando que estaban comenzando a Conocer.»

(Me gusta esto de introducir en la Máquina un factor de superioridad, aunque sólo sea en lo que toca a la mera captación de datos: de este modo creo evitar que el fabuloso narrador caiga en lo divino o casi divino.)

Debería describir ahora su actuación ante el anuncio de la Máquina: el Hermano Ons escrutará el comportamiento de los bípedos, les verá moverse en sus poblados, continuará preguntándose cómo es posible que hayan alcanzado vías de conocimiento aquellos seres endebles, empujados por su propia precariedad a la necesidad de alimentarse continuamente para sobrevivir de modo penoso.

Esto sería la primera visita del extraterrestre. Puesto que quiero que realice el informe durante su segunda visita, cuando naufraga, y para que su decisión, aquella decisión que quedó apuntada sin mayores explicaciones, comience a justificarse, tendría yo que introducir ahora la primera insidia: algo sucedió en aquella visita inicial que afectó de modo extraordinario al Hermano Ons y que quedó grabado en su recuerdo. Acaso un suceso sangriento. Con la descripción del suceso se cerraría la parte introductoria del testimonio. Y del relato, claro. Sería como el primer capítulo de la novela.

Bueno, Gordo: pues a la luz de todo esto preparé un nuevo tratamiento del asunto, pero sólo conseguí otro texto no viable. Y ahora ya no se trataba de guardarropía cosmogónica: ahora el Hermano Ons perdía todo atisbo de su obligada y natural grandeza y en lugar de ser el misterioso viajero antiguo como el mundo, nauta de la más portentosa embarcación, resultaba una especie de viajante al que se le hubiese estropeado el género por una avería de la furgoneta.

En un intento desesperado por salvar algo de mis penalidades de la semana, rehíce los párrafos, reelaboré cada frase, amplié las disquisiciones. Pero la relectura cuidadosa del capítulo me lo mostraba tan artificioso que, tras una escabechina de adjetivos, infinitivos, gerundios y sustantivos en general, decidí inutilizar todo lo realizado.

Si tuviese fuerzas para ponerme literato, te diría más o menos que ahora me contemplo en el espejo ciego de otro folio mientras la fuerza secreta y burlona de mi impotencia enardece mi amargura.

¿No debe ser esa la forma del relato? ¿Se trata sólo de un problema formal?

Lo cierto es que yo oigo la historia bullir aquí dentro: dentro de mí está el personaje, la aventura de sus rumbos, dentro de mí la avería, la destrucción de la Máquina en el accidente, el extraterrestre náufrago en este planeta, por ejemplo en mi pueblo, una noche lluviosa de otoño. Y dentro también su peripecia entre los hombres, la novela.

Pero los folios mantienen su hosca impasibilidad y yo voy retrocediendo cada vez más ante mis temores: del miedo a los vocablos he venido como ves al miedo por el propio armazón del relato, y ya empiezo a desconfiar de que lo pueda traer de la intuición al papel.

¿Qué más decirte? Son las tres de la madrugada y me rodea el silencio húmedo de la noche honda. Como en los cuentos infantiles, titila a lo lejos, entre los prados ahora invisibles, una lucecita mortecina. Tristeza general.

Un abrazo y recuerdos a Chon,

Andrés

CAPÍTULO PRIMERO

Reconoció su estrepitoso bullir: mantenían todos la actitud expectante que les había traído en grupo desde el pueblo tan de mañana, incitados por los anuncios de un madrugador curioso; pero dentro de la común disposición se diversificaban las sensaciones individuales y él podía apreciar cómo en cada conciencia se sobreponían y entrelazaban las preocupaciones por diversos asuntos, el recuerdo impreciso de otros temas, el ininterrumpido proceso del juicio sobre la ajena realidad y el ajeno proceder.

Pero seguían acercándose y él constataba cada vez más claramente que estaba de nuevo cerca de ellos; sus intentos por acorazarse frente a la acometida de aquellas conciencias eran inútiles y sufría ya su aproximación; los pensamientos iban adquiriendo mayor densidad, introducían en él su insoslayable presencia, resonaban, se multiplicaban sin que fuese posible evitar su torrente vertiginoso .

No había solamente adultos. Venían también algunos cachorros en avanzada que fueron los primeros en acercarse al cráter. Sus voces espantaban a los pájaros. Él se mantuvo alejado y percibió cómo estallaba emocionada la sorpresa infantil.

Tras un titubeo, los niños se volvieron. Ahora les llenaba un sentimiento de maravilla, de pavor casi, frente al inesperado hallazgo, y corrieron hacia los hombres agitando los brazos, mezclando sus voces en una algarabía sin sentido, levantando ecos en el frescor mañanero.

Los hombres estaban ya muy cerca y se detuvieron de pronto: recibió, como otra descarga, la sorpresa adulta.

Luego hubo un lapso en que todas las mentes se mantenían silenciosas: era la estupefacta observación.

Ayer el camino, tan espesa por allí la sebe —había un declive que conservaba mucho tiempo el agua de las lluvias, dificultando el tránsito; unas mimbreras frondosas; por entre las mimbreras pequeños accesos cangrejeros, ortigas; luego el sendero hacía un recodo desde donde podía divisarse ya el tejado del molino— pero hoy una hoya.

—Como de una explosión.

Sin duda era el rastro del enorme estallido de anoche, serían las doce y media, y del súbito resplandor que fue tan claro como el sol. Y aunque había llovido durante toda la tarde y seguía lloviendo entonces, nadie creyó que fuese un trueno. Habían salido fuera, hubo en la noche conversaciones alarmadas, pero la oscuridad había vuelto al silencio, aún más espeso entre el suave murmullo de la lluvia que caía.

Un brazo del río desagua lentamente dentro. Alrededor se desparrama la hojarasca de los chopos tronzados.

Los hombres y los niños se dispersan en torno al cráter, se inclinan, algunos tocan las paredes negruzcas, otros recorren el borde como contando los pasos. Y se comienzan a aventurar suposiciones sobre el origen del hoyo, pero quién derrocharía tanta dinamita.

—Ni la hay aquí. Y un rayo tampoco hace esto, o menudo rayo.

Y todos hablaban en voz baja, con el respeto debido a la enormidad del fenómeno y a la propia ignorancia de las causas, sin duda muy poderosas.

Entonces vieron los niños el perro blanco: les miraba desde el borde de la sebe, brillaba al contraluz con una blancura plena, o no es un perro, refulgía. Uno de los niños le arrojó una piedra.

—Chito.

Mateo les miró. Tenía en la mano un pedrusco negro que no era carbón, era un terrón quemado, cubierto de una película fina y brillante sólo achacable al fuego. Lo apretó y el terrón se deshizo.

—Quietos, condenados.

Y miró al perro, apreciando el hermoso fulgor blanco. Luego chascó los dedos, llamándolo:

—Ven, ven.

El perro se acercó a él y Mateo le acarició la cabeza. Era un animal precioso. Hubo en su sentimiento simpatía por el bicho.

—Qué haces tú aquí.

A pesar del barrizal, el pelo del perro relucía, sin que ni una mota lo ensuciase.

—¿Habéis visto qué perro?

Pero el interés de los demás continuaba concentrado en la hoya. Se dice pronto, unos cincuenta metros de diámetro y casi ocho de hondo, porque serán ocho ahí en el medio.

Mateo cogió en brazos al perro y lo contempló. El perro, tras adecuar urgentemente sus apariencias de peso y tacto a la lógica del hombre, pensó que parecía un tipo común: captaba las intensas sensaciones de Mateo, señoreadas por un manifiesto deseo de apropiación.

La inspección del hoyo duró hasta mediodía. Cuando el sol estuvo alto, iniciaron todos el regreso al Pueblo. Los chavales precedían a los demás voceando el hallazgo, señalando con aspavientos a lo lejos. Cuando los hombres llegaron a la plaza, ya la noticia se había difundido.

Mateo había decidido quedarse con el perro, si no lo reclamaba un amo, y lo mostraba diciendo:

—Eh, quién ha visto un perro así de blanquín.

El perro recibía los restallidos del orgullo de Mateo y descubría que, en lugar de causarle dolor, aquellos sentimientos tan intensos le producían una satisfacción extraña.

Hubo luego extensas charlas en la tasca. Don Cosme rememoraba noticias de un meteorito que destruyó miles de hectáreas de bosque, haría poco más de un lustro, en Siberia. A cientos de kilómetros descarriló el tendido del ferrocarril. Hablaron de eso los periódicos.

Pero nadie sabía del perro blanco. Vendrá de lejos, a saber de quién será, por aquí nunca se viera. Y cuando fue hora de comer y terminó la reunión, Mateo se llevó el perro a casa.

—Mira.

La cuñada tapó el puchero y contempló al perro.

—Mío —dijo Mateo—, lo encontré yo, donde el molino, deberías ver cómo está aquello.

La cuñada dijo:

—¿Para qué me has traído este gandul?

Pero sonreía, le hizo fiestas, se lo enseñó al rapacín que dormitaba en la cuna ajeno a todo.

Y tras la comida, mientras Mateo se retrepaba en el banco, sumido en un leve ensueño digestivo, el perro recapitulaba este nuevo contacto con la especie de Mateo. Han crecido, pensó, porque no había encontrado las feroces palpitaciones que tanto le dañaron la otra vez.

Y en medio de la constatación continua de su falta, entreveía la posibilidad de redimirse a través de una acción que ninguno de los Hermanos había realizado jamás: la convivencia directa con una raza que empezaba a Conocer. Acaso el desastroso accidente, la pérdida de la Máquina, permitirían que, cuando el Pueblo le rescatase, Él Solo hubiese acumulado experiencias que fuesen positivas para la experiencia del Pueblo. Y entonces quizá los Hermanos Mayores serían más benévolos con el infractor de la Norma.

Esta confianza se fue afirmando a lo largo de la tarde soleada, mientras corría al lado de Mateo, entre los chopos, imitando los sonidos y las actitudes de los perros y recibiendo, ya con escasa repugnancia, la onda exultante que fluía del hombre.

A través de la satisfacción de Mateo descubría el olor fresco de la ribera, el chisporroteo del sol sobre las aguas, el suave crepitar de las primeras hojas secas, los sonoros aletazos de una paloma que se alzó al sentirlos cercanos.

Pero estas sensaciones placenteras fueron de pronto entreveradas por un latido oscuro que le desconcertó.

Mateo se había detenido y escrutaba los alrededores.

Al otro lado del bardal había una casa y varias gallinas picoteaban delante de la puerta.

—Chist, musitó el hombre, ven.

Fue rodeando la casa a lo largo de la arboleda, en actitud sigilosa. Luego se acercó despacio a la puerta del corral y observó a través de una rendija. Al cabo de un rato llamó suavemente:

—Asunción, eh, Asunción.

Un súbito torrente jubiloso había sustituido en su sentimiento el infausto palpitar.

Salió una muchacha del corral. El perro percibía en ella un temor impreciso, pero también un gozoso calor.

—¿Por qué viniste?

—Estaba deseando verte. ¿Oíste el ruido?

—Sí, lo oímos.

—Y para enseñarte a éste. Mira lo que encontré.

La muchacha dejó en el suelo el balde de ropa y acarició al perro.

—Es muy guapo.

Mateo encontró de pronto el nombre:

—Se llama Kaiser, Kaiser. ¿Te gusta?

—Es muy guapo, repitió la muchacha.

Luego se alejaron de la portalada, hasta disimularse detrás de un vallado. Mateo se sentó sobre una piedra y lió un cigarrillo.

—Fue cerca del molino, dijo. Un agujero grande como media plaza.

La muchacha puso una mano entre las de él y susurró:

—No tienes que venir por aquí.

Mateo soltó el humo procurando que no fuese a la cara de ella.

—Ya sabía que hoy no está. Además, cómo quieres que pase tantos días sin verte.

Dentro de Mateo el rostro de la muchacha se hacía más brillante, relumbraba como un ascua. Acercó su cara a la de ella inmerso en una alborozada congoja. El perro les sentía sin moverse.

—No debes venir. Si se entera tenemos otro disgusto.

—Un día voy a hablar con él.

—No hay nada que hacer, nada. Es muy mulo.

Mateo apretó las manos de la muchacha. Un escarabajo trepaba por su rodilla. El atardecer se había puesto fresco.

—Márchate conmigo.

La muchacha le acarició una mejilla.

—A dónde íbamos a ir, hombre.

—A América.

Una voz llamó a la muchacha y ella se incorporó sobresaltada.

—Adiós —dijo—. Nos veremos en la romería, si quieres.

Estaba asustada. Mateo dijo también adiós y la contempló mientras ella se acercaba a la puerta, cogía el balde y entraba en el corral. Mateo miró las hojas de la puerta que se cerraban, escuchó el ruido de la tranca.

—Vamos, Kaiser —dijo luego, y se alejaron.

Pero ahora se detiene contrariado, porque hay alguien en la penumbra. Es un hombre de edad, fornido, que lleva en la mano una gruesa cacha.

—Vaya, otra vez por estos barriales.

El perro percibe una vibración de la antigua onda terrible, mezclada en Mateo con otra de imprecisa sumisión, de miedo.

—El camino es de todos —dice Mateo.

El hombre golpea el suelo con la cacha y ríe:

—Es de todos, pero de unos más que de otros. Anda, anda que te dé el aire.

Mateo, tras un instante de odio que penetra en el perro como un cuchillo en la carne verdadera, se aparta unos pasos. Hay en su mente una confusión de sentimientos y recuerdos: él es un niño y el hombrón le acaricia la cabeza, le da unas monedas; él es un mozo y aquel hombre le encomienda un trabajo, le pregunta por la familia, le da una palmada en la espalda, un cigarro.

Ninguna sensación más poderosa aclara el sentido de la corriente y el perro se pierde entre esos ánimos enrevesados en que se unen la repugnancia y la dependencia, la aversión y un afecto extraño.

—Yo quería hablarle. Tranquilos.

—Tú y yo no tenemos nada que hablar.

—Yo tengo que explicarle.

—Ya te dije que mi hija te viene grande.

—Pero sabe que ella y yo queremos casarnos.

—Vamos, venga, dice el hombretón. Aire, aire.

El hombre se aleja despacio. Mateo coge una piedra del suelo. El hombre vuelve la cabeza y hace un ruido con la lengua como para espantar a un animal doméstico.

—Largo, venga. Lárgate.

Mateo mira un momento al perro y tira la piedra, pero lejos, a lo oscuro.

—Corre, Kaiser, dice, busca.

La piedra ha golpeado una masa líquida, chapotea allá tras los árboles, donde el río fluye reflejando la noche estrellada. Se oyen lejanas las pisadas del hombre. Mateo llama al perro.

—Vamos, Kaiser.

Y en la cercanía de este hombre triste, el perro comprende que aunque el tiempo de esta especie sea mínimo en el tiempo de las estrellas, algunos de sus instantes pueden ser interminables.

Pero la muchacha surge de entre el matorral, se abraza a Mateo.

—No le hagas caso, dice.

Mateo suspira.

—Me aguanto por ti.

—No le hagas caso, me voy contigo cuando quieras.

La voz interpela a la muchacha, a lo lejos:

—Asunción, dónde estás, condenada.

—Me voy ahora mismo si quieres, ahora mismo.

Pero Mateo le dice en voz baja, asustado:
—No, vuelve a tu casa, ya hablaremos.
Y la muchacha desaparece entre el follaje.

(Dos)

Andrés Choz saca el folio de la máquina, lo relee, repasa con la pluma algunas letras, modifica frases, ordena luego todos los folios, los hojea lentamente. Puede ser, murmura, puede ser. Deja los papeles, se despereza, se levanta, se acerca a la ventana.

La lluvia vela los brillos del paisaje y la mar lanza su mugido sonoro detrás de la colina.

Andrés Choz mira los folios recién escritos pero los rechaza con un gesto. Va hasta el lecho, enciende la luz de la mesita, toma un libro de encima y se pone a leer.

La habitación de Andrés Choz es grande: hay en ella una voluminosa cama de latón, una mesita con tapa de mármol que alberga un orinal azul celeste, un servicio de lavabo de porcelana, una mesa camilla y un armario enorme de nogal. Sobre la cama, un viejo cromo de San Pancracio; sobre la mesa camilla, una lámpara de polea engalanada de cristalitos multicolores.

Resuenan en la escalera los pasos fatigosos, el jadeo de Benilde. Los pasos de Benilde hacen crujir la tercera tabla del rellano. Uf, uf, uf. Sin duda Benilde se apoya ahora en la bola de la barandilla, en una pausa que siempre repite y que siendo brevísima alcanza en el oído atento una apariencia dilatada. Por fin reanuda la subida, alcanza el pasillo. Uno, dos, tres, cuatro, cinco pasos.

—Don Andrés.

Andrés Choz se levanta, se acerca a la puerta de la habitación, la abre: Benilde le alarga una postal.

—Muchas gracias, para qué se ha molestado, me da una voz.

—No es molestia.

Andrés Choz cierra la puerta. Los pasos de la mujer se alejan con la misma parsimonia penosa de la subida.

Es la fotografía de un bodegón artificioso, con mariscos y panes y morteros y una botella de grueso volumen y aspecto polvoriento. Sin duda el fotógrafo creyó en la nobleza de su presencia, a la orilla de la fuente de langostinos geométricamente ordenados.

«Tenía el cuello delgado, en cuyo extremo o gollete sumamente reforzado había aún un pedazo de alambre completamente oxidado y muy quebradizo. Sus paredes, muy gruesas, capaces de resistir la presión de muchas atmósferas, denunciaban su procedencia, sin que se pudiese poner en duda que había sido una botella de champaña. Con botellas como aquélla, los viñadores de Aix y Epernay rompen palos de silla sin que ellas se quiebren. Así pues, la que sacó de las vísceras del marrajo había podido soportar impunemente los azares de una larga travesía.

—Una botella de la casa Clicquot, dijo sencillamente el Mayor.»

Pero la botella de la tarjeta postal no transporta ningún mensaje indescifrable: sólo calor y sol y besitos de tus hijos y tus nietos, la firma concienzuda del yerno, que se repite en la firma de Andresín, cuya mano sin duda condujo, una leve alarma en la frase garrapateada al margen por Julita: ¿Cómo te ha dado por marcharte ahí?, pero el orden normal de las postales.

En el espejo del lavabo se refleja la superficie de la mesa camilla con la máquina de escribir y el Capítulo Primero. Y aunque sigue lloviendo, Andrés Choz, súbitamente, sustituye el doblez de la página por la tarjeta, abandona el libro de Verne sobre la cama, se calza, se pone la boina, sale del cuarto, baja ruidosamente las escaleras.

—¿Se va usted, don Andrés? ¿Con esta lluvia? ¿Quiere coger cualquier cosa?

—A dar un paseo. Son cuatro gotas. Qué va, mujer, esto es estupendo para la salud.

Luego añade: estoy hecho un gallo, Benilde, y ella dice Jesús, Jesús, tenga cuidado, por Dios, tome el paraguas.

Bueno, dice él, no se preocupe, mujer.

Y sale. Le envuelve el olor del herbario de Benilde, donde se acurrucan la hierba luisa y el orégano, el estragón y el perejil. Empuja luego la cancela, sigue el camino empedrado durante un trecho y después un sendero bordeado de zarzamoras, que a estas alturas tienen todavía los frutos verdes y diminutos.

Aunque triunfan en general los grises sobre los verdes, adquieren los musgos repentina claridad, volviendo casi azules en las piedras los escasos cardenillos, afianzando su presencia aterciopelada.

Andrés Choz sigue subiendo monte arriba hasta rebasar la arboleda y recorre los límites de la pradera. Llega a la altura de las primeras rocas, ominosas en su opaca mojadura. Tantea ya el paso sobre el escarpado suelo. Inicia el abrupto declive y va descendiendo para llegar al fin a un pequeño abrigo del acantilado, donde se agacha tras disputar su parte a una ortiga lozana.

Llueve ahora con mucha fuerza y el mar está oscuro y agitado, lleno de espumas.

Algo flota en el agua: algo como un tronco, o es un brazo. Pero no, es sin duda un papel, un periódico acaso. Desde tan arriba no sería posible reconocer ninguna botella, piensa Andrés Choz imaginando ahí abajo el bamboleo de la portadora de un mensaje:

TODO HA SIDO UN ERROR, ES LA METÁSTASIS SÓLO UN HUMOR FUGAZ; LIMPIOS COMO LA PATENA LOS PULMONES, SOBREVIVIRÁ TRES-CIENTOS AÑOS EL PACIENTE. Dr. Viñuela.

O mejor, para que la feliz noticia surja tras el desentrañamiento del misterioso jeroglífico:

TO   A   SO   RR   R,   S   A   ST

Pero Andrés Choz tira la ramita con que garabateaba la tierra y borra las letras mientras se reprocha el ingenuo desvarío, especie de ple-garia a Santa Rita abogada de imposibles, aun-que se sorprende al recordar fielmente la clave del mensaje en ese libro que tanto amó en su niñez y que ayer tarde ha encontrado en el baúl del abuelo de Benilde.

—Échele un vistazo, don Andrés, a lo me-jor hay algo aprovechable, como una no entiende.
En el baúl de aquel don Manuel que na-vegó todos los mares ya no quedan especias de Luzón ni puros habanos, sino viejos papeles re-gistrales de antiguas posesiones, algún texto religioso y tres tomos de las obras de Verne.
El gran mensaje de don Manuel Ocerín no está entre el aliento mohoso del enorme baúl,

sino en el propio epitafio, una sentencia que verdea insólita en el cementerio:

NO ME MATÓ LA MAR

Andrés Choz piensa en el hombre macizo y sepia que ha visto en las fotografías de Benilde; le imagina esforzándose, a lo largo de las singladuras, por componer su último mensaje, un mensaje hecho a mitades de los sentimientos verdaderos y del oropel maravilloso con que el anecdotario histórico engalana los últimos momentos, las ocasiones más solemnes de los héroes, de los próceres, de los grandes artistas: todo está consumado; tú también, hijo mío; luz, más luz; venciste, galileo; mientras a su alrededor conspiraba el Katipunán, estallaba el Maine, Joseph Conrad capeaba los tifones.

Ha dejado de llover y aparece de pronto un sol inconsecuente, el único del día, que resbala sobre la humedad de los pastos, define las corrosiones calcáreas, recupera de la nebulosidad el lejano promontorio del faro.

Andrés Choz abandona el estrecho abrigo rocoso y, apoyándose en el paraguas, continúa bajando por las asperezas puntiagudas de las rocas hasta alcanzar el borde de la escarpa y sentarse en una breve hendidura.

El agua transparente y profunda deja su blancura entre los peñascos, una docena de metros más abajo, y en la orilla se ceban, vigiladas por el inquieto vuelo de las gaviotas, bandadas de peces, acaso mújoles.

Hace mucho tiempo, a la salida de una gruta que un día fue asentamiento prehistórico, él y Julia vieron estos mismos peces, vivos y rápidos, cuya silueta habían contemplado unos minutos antes en la pared, pintada por una mano que se había podrido miles de años antes.

Ante el sol que se oculta en el mar, Andrés Choz regresa a la imaginación de las grutas ancestrales, donde la especie forjaba su futuro azaroso entre los días de pesca y ajetreo y las noches pavorosas; de las cavernas en que la hoguera y los hombres multiplicaban su luz insignificante, su sombra patética.

La pobre Julia decía que en aquellas cuevas le parecía oír aún el latido de los pálpitos tribales y que sentía una misteriosa emoción que casi le llenaba de lágrimas los ojos.

No seas novelera, dijo Andrés Choz condescendiente. Pero también a él le fascinó aquella fantasía. Sobre ella elaboraría luego trabajosamente un poema que ahora de pronto recuerda verso a verso:

Hasta llegar aquí
las ubres se multiplicaron a mi voraz mamada
bajo los viscosos, los peludos, los brazos maternales.

Hinchadas de leche y miel, y yo,
aferrado a las lanas, a las lianas,
pulía la aspereza primera del recuerdo,
aquellas herramientas,
trozos
de roca y hueso,
iniciaba con muescas misteriosas
el borroso perfil de las culturas,
sujetaba
el calor por un pico del halda.

Náufrago entre las sombras,
en el vientre
del miedo cavernoso.

Hasta llegar aquí para encontrarme
acurrucado cerca de la estufa,
coleccionando muecas
a las que doy el nombre de la vida,
pringoso de emociones brumosas,
acariciando las orejas del doméstico olor
y esas frágiles penas que me cauterizan
el odontólogo y el alcohol.

Ahí se sentarían los niños, señaló Julia. En esa piedra plana pondrían los alimentos.

—Algún semejante en canal.

Qué más da, continuaba Julia. Los alimentos tan difíciles, tan escasos.

Sí, afirma en silencio Andrés Choz, ahora empieza a ser de noche, brilla el faro ya, dos fogonazos de la misma intensidad, un brillo más fuerte tras un lapso, y de todo aquel esfuerzo tan sólo queda un garabato desvaído, el escorzo de un pez, la impronta de una mano. Pero aquella tarde, con Julia a su lado, cuántos años hace, había dicho:

—Quedamos nosotros.

Había dicho: en aquellos abuelos estábamos ya tú y yo. Y habían vuelto en silencio hasta el pueblo bajo los castaños, mientras la niña anunciaba como hallazgos fabulosos la redondez de una piedra, un regato entre los helechos, un caracol.

Hay un bulto blanco en las aguas: se trata sin duda de un envase de plástico.

Andrés Choz se levanta e inicia la vuelta. No le rodean mensajes misteriosos. La flecha amarilla pintada en el suelo señala un vivero de percebes y nada más. Y, sin embargo, qué es el relato sino un mensaje y ninguna otra cosa. Julia amaba el proyecto pero murió y aquellos apuntes quedaron en el cajón: ahora para qué si el asunto no tuviese esa condición escasamente gratuita de todas las misivas, de todos los mensajes.

Llueve otra vez, clima maldito, y Andrés Choz abre el paraguas y aprieta el paso.

Las rocas y los árboles quedan ahora en lo oscuro y apenas se adivina el sendero. Andrés Choz camina rápidamente hasta dejar atrás el gran silencio y encontrar los primeros rumores de la aldea. Luego, cuando divisa la casa de

Benilde, descubre que se ha dejado encendida la luz de la habitación.

Cuando entre en ella, qué paz aparente, qué serenidad en los objetos, como relumbrarán los folios sobre la mesa, inocentes de pertenecer a la obra humana. Así también el armario, la cama, el San Pancracio, el libro del lejano y sólo polvo Verne, el baúl de don Manuel, este paraguas que acaso es el mismo que también protegió de la lluvia a Julia cuando vivía e iba al lado suyo.

Y la casa, ahora que sólo tenuemente se destaca del entorno, pierde sus proporciones habituales y se transforma en una mole aciaga, donde las ventanas pueden ser el principio de extraños corredores sin salida y la puerta una boca monstruosa que deglutirá al viajero.

Pero ya abrió la cancela, ahora el jardincillo está también oscuro, ya empuja la puerta de la casa, resuenan sus pasos en el zaguán y la voz de Benilde pregunta desde la cocina:

—¿Es usted, don Andrés?

—Sí, Benilde, soy yo.

CAPÍTULO SEGUNDO

(Podría ser Introducción o Capítulo Primero. Entonces, el actual Cap. 1.° vendría a continuación.)

Su nombre es Ons. Inmediatamente alrededor, la Máquina. Afuera, la Gran Soledad.

Encerrado en la Máquina, recorre el sector lentamente, aplicado a una vigilancia minuciosa, cuidadoso de que todos los datos queden registrados.

Ha empezado a conocer empíricamente la peripecia de la vida desde que brota: el magisterio de los Hermanos es ahora verificado a la vista de la circunstancia objetiva y ajena.

Pero a veces se suscitan en su reflexión inesperados vértigos.

A veces parece que únicamente la Máquina existe como realidad distinta de Él Solo.

A veces parece que Afuera hay solamente la inmensa nada engañosa que se disfraza de espacio, de astros, de formas vivas.

Porque no es fácil la Exploración: la Gran Soledad llega a percibirse físicamente: la Gran Soledad es el desamparo total, es el desarraigo infinito.

(Primero era la larga infancia en que no existía conciencia del Cada Uno.

Entonces eran un solo cuerpo y un solo sentimiento y los aprendizajes iniciales iban realizándose en el plácido ensueño compartido.

Al cabo llegaba el primer lapso de la individualización: pausadamente se iba desgajando a cada Hermano de entre la densa palpitación infantil, se le traía despacio a la conciencia de sí mismo.

Era una operación rodeada de cautelas para evitar que la Segregación doliese como un desgarro.

Después de la Segregación, los Hermanos Mayores empezaban a nutrir la conciencia separada: información, reflexiones, la Norma.

Hasta estimar que había llegado el momento del Nombre.

Y entonces era el Nombre, el Cada Uno, el Él Solo.

Luego era el aprendizaje de la Exploración y de las Pautas.

Luego eran la Máquina y las estrellas.)

A menudo imagina el final de la Exploración.

Cuando el plazo de la Exploración haya concluido, volverá a integrarse en el existir colectivo del Pueblo.

El fin de la Exploración significará la Madurez. Y será también el fin de la Gran Soledad.

Entonces se cobijará de nuevo en el seno común de los Hermanos.

Pero ya no como embrión infantil, sino como uno de los Hermanos Mayores Que Procrean, Que Enseñan, Que Deciden.

Mientras tanto, transcurre la Exploración.

La rutina minuciosa mantiene el equilibrio de su serenidad en el solitario periplo.

De algún modo, la costumbre de la Máquina tiene un sentido de compañía.

Entre los soles, de un astro a otro, cruza el espacio dilatado, ajusta su actividad a las Pautas y su conducta a la Norma.

Por encima de cualquier curiosidad oscura, la Norma le acoraza contra las inseguridades y las dudas.

Y reflexiona y aprende.

Así, varios millones de años.

De pronto, la Máquina detectó una forma de vida que inicia la Conciencia.

El hermano Ons ha observado ya la vida en muchas figuras pero no contempló nunca el Conocimiento cuando despierta.

Escruta absorto los ajetreos de la especie.

Se interna en sus poblados, sobrevuela sus sueños. Aunque para la comprensión de los seres observados él y su Máquina serían apenas una tenue humareda dentro de una leve burbuja, mantiene todas las precauciones derivadas de la Norma.

Su investigación es lenta y exhaustiva.

Asiste desde la penumbra de las cavernas profundas a las nupcias, a los banquetes, a los enterramientos, a las pantomimas que consagran los hechos significativos, a los ritos con que los cachorros se convierten en cazadores.

A veces, una súbita intuición de su acecho hace florecer el espeluzno en un horrorizado visionario: dará origen a relatos extraños: los oyentes desorbitarán sus ojos junto al fuego mientras el gemido de los vientos largos atraviesa los bosques desnudos.

La contemplación del adverso acontecer de la especie, hecho de fríos y hambrunas, le hace incidir en una de las pautas de reflexión previstas por los Maestros.

El Hermano Ons compara esta existencia incierta y primitiva con la vida del Pueblo.

Los Maestros aseguraban que los orígenes de toda vida son semejantes: que en el hondón de un pasado que ya no existía ni en el último vestigio del recuerdo, el Pueblo atravesó sin duda etapas similares a ésta.

Ante aquellos seres de fragilísima consistencia, el Hermano Ons se encuentra sopesando dubitativo aquella aseveración magistral: si ellos tienen algún futuro en las estrellas, el camino se adivina larguísimo y aleatorio.

Observa ese efímero soporte físico que obliga a la especie a la continua reproducción para sobrevivir como tal.

Cataloga las experiencias: por ricas o intensas que sean, muchas desaparecen con sus protagonistas individuales: solamente logran incorporarse a la experiencia general algunos artificios, que se mantienen penosamente a través de algunas generaciones sucesivas. Muchos se pierden otra vez.

Analiza el modo de renovación energética: permanente necesidad que apenas tolera el transcurso de instantes sin alimento, un alimento de azarosa consecución en la que se vuelcan casi todas las preocupaciones y los esfuerzos.

Ante la vida exuberante del astro, el Hermano Ons añoró vivamente la serenidad de la Morada, donde toda estridencia es imposible.

Esas selvas atravesadas por corrientes caudalosas, bullentes de toda clase de bestias, despertaron en él el deseo de retornar.

Ahí, entre el paisaje diverso, desborda la vida su derroche; organiza la supervivencia bajo formas incomprensibles, sin atisbo alguno de razón, en la elemental deglución del momento, en la pura inconsciencia del brevísimo acaecer.

Y contemplando la multitud de formas de vida hostiles y todas indiferentes al destino de la especie que despierta, el Hermano Ons siente un incierto desasosiego frente a las instrucciones de los Maestros.

No obstante, de acuerdo con las enseñanzas, los orígenes del Pueblo fueron semejantes a éstos.

Acaso también en un mundo donde la vida competía feroz bajo cientos de formas, sometido a brutales inclemencias climáticas, a la propia endeblez del sostén telúrico, capaz de las más imprevisibles variaciones.

El Pueblo entonces era también quizá una tropa peluda y los Hermanos bestias gruñidoras cuya mezquina estructura física estaba constituida principalmente por el aparato alimentario y el reproductor.

También existía acaso esta rudimentaria separación sexual, con el penoso albur de cada procreación, y también la dispersión en grupúsculos enemistados, primitivas organizaciones fluctuantes entre el expolio y la indefensión.

Pero junto a aquella inquietud se encendía en las reflexiones del Hermano Ons una imprecisa fascinación.

Sin que él mismo lo racionalizase, iba perfilándose en su mente una desconcertante forma de curiosidad.

Los Maestros habían hecho la exégesis de la Norma hasta convertirla en una presencia inevitable y familiar dentro de Cada Uno.

Aunque la Exploración pretende, precisamente, el contacto con la vida anárquica, azarosa, demente, y la búsqueda de los seres que caminan hacia el raciocinio, ese contacto nunca podrá tener lugar de modo directo.

La Exploración requiere verificar los datos reales, pero la captación más inmediata de los datos está encomendada a la Máquina.

La Máquina es para Cada Uno lo que la Morada para el Pueblo.

Pertenecía ya a los Mitos el momento en que los Hermanos se habían desprendido de su propio astro progenitor, capaz como éste de todo accidente, para aposentarse en la Morada, creación del Pueblo, vehículo y habitáculo pero también envoltura irrenunciable del pensamiento.

La Máquina no puede pensar sola, ni tampoco integrarse en una voluntad común, pero la Máquina es el Ojo y el Oído y el Escudo.

De ahí la Norma. Insistentemente glosada, justificada, desarrollada.

La Norma que era ante todo prohibición de separarse de la Máquina.

La Norma que significaba también prohibición de inmiscuirse en los aconteceres de los mundos explorados.

Había una casuística que aparecía automáticamente en la memoria, tanto se había reiterado el repertorio.

En ella se desmenuzaban meticulosamente todos los comportamientos posibles en torno a la relación entre Cada Uno y la Máquina, entre ambos y los fenómenos cósmicos no vivos, entre ambos y las formas de vida.

En todo caso, la letanía de cuestiones era respondida con un *Nunca lo harán* que prohibía todo acercamiento, toda interferencia, toda aparición.

Al Hermano Ons se le ocurre que no le fueron aclarados los motivos de esa actitud expectante pero ajena que comporta la sumisión a la Norma.

Pero evita reflexionar sobre ello y su pensamiento lucha contra los miedos imprecisos, las tentaciones imprecisas, y se aferra intensamente a la fe en el magisterio de los Hermanos Mayores Que Procrean, Que Enseñan, Que Deciden.

(Tres)

... y no te fastidies, Gordo, pero me parece
que a la obsesión literaria que durante unos
días me sirvió de estupefaciente, se le está
pasando la rosca: así mis humores van entur-
biándose conforme voy asentando las bases
bastante enclenques de mi relato, que ya no
es un informe sino que transcurre (discurre)
por los cauces tradicionales de la tercera persona y lo que se tercia, y al que según le doy
vueltas por mor de irle sacando la fibra del
dramatismo, le veo más esotérico y con mayor intención de contaminarse de esa mo-
jiganga imaginativa que debemos poner en
nuestras creaciones quienes no podemos pro-
ponernos la sagrada misión de destruir el
lenguaje: y aquellas pocas páginas escritas
se me aparecen cargadas de tanto artificio,
que hay momentos, como este mismo, en que
considero absolutamente idiota el asunto:
esa lluvia, yo, los folios delante de mí, los
minutos que galopan, y para qué si de aquí a
un año...

... pues, en fin, Gordo: que sea a mayor gloria de Editorial Liberales Fatigados presenta El Alienígena Alienado, auténtica fantasía con sus eventos ibericorrealístas y un sorprendente latido cósmico, póstuma secreción del desventurado recientemente etcétera que escribió siempre en lo oscuro pero al que no se le puede negar que si hubiera escrito con más luz...

... tú dirás que no estoy hoy en trance muy optimista, y es cierto, ya que: Primero, no veo por ningún lado la continuación a pesar de que arranqué, y es que me encharqué en un limo que o tiene efluvio rural y terruñero o cae en la patafísica estridulante, y mi prominente extraterrestre no acaba de definirse todavía y oscila entre criatura de alucinada especulación y perrillo más o menos jacklondoniano. Segundo, me entristece bastante: uno) la intermitente neblina que cuando se disipa es para dar paso al calabobos pertinaz; dos) mi soledad de *beatus ille* que a veces me pesa en demasía; tres) la intemporal quietud de mi alojamiento donde el mínimo son es casi cañonazo, donde nada sino la perpetua rutina cotidiana puede suceder, eso sí, con orden, limpieza y este confort de pueblón norteño. Tercero, y aunque las confesiones son odiosas siempre, debo comunicarte que me siento cada día más a menudo amedrentado por el hado fatal tan inminente: será por el andar dale que te pego con ello en la cabeza, será por la soledad robinsona, pero casi noto al Innombrable que me roe, roe que te roe (NOTA y paradoja de que el horror a la Desdentada me arrulle a veces con ideas de un salto desde el acantilado y hala, al corazón del océano: Anfitrite, Anfitrite, decían creo en trance similar en una novela de Blasco). (NOTA no lo tacho pero excusa este desahogo malamente literario)...

... además, que tanto tenebroso agobio lleva aparejados ímpetus antípodas: así también se me ocurre que viejo y pellejo como estoy y todo, aprovecharía mucho mejor estos postreros días triscando con alguna moza sobre los pastos tiernos que encerrado con tanta precipitación, tan prematuramente, en el gran ataúd de roble que es esta casona, mientras suenan como ahora las campanadas de las diez en el reloj de péndulo de lira (hecho en Pravia) del comedor, que guarda un misterioso silencio entre la cuarta y la quinta campanada, y escribo para la posteridad, es decir para ti, Gordo, que también estás condenado a muerte, y para mis lectores y público en general, que aunque pasarán también rápidamente no han tenido la suerte, si es suerte lo mío, del plazo fijo...

Don Andrés, llama Benilde desde abajo; la cena. Andrés Choz deja la pluma y se levanta. Mira luego un momento su ojerosa mirada en el espejo del aguamanil, su mueca sobresaltada, su saturnino rictus. Visto así, piensa, parezco Boris Karloff en *La Momia*.

Y baja: le espera humeante sopa de arroz, luego hay pescado rebozado con ensalada de lechuga y cebolla. Él dice: piense, Benilde, que de grandes cenas están las sepulturas llenas. Pero ella: coma, coma, que con tanto encierro acabará enfermando. Y se lleva los platos y trae uno de natillas minuciosamente espolvoreadas de canela.

Qué voy a enfermar, mujer, yo tengo una salud de hierro, y enciende un pitillo y tose desaforadamente.

No debería fumar tanto, don Andrés, le amonesta ella y él responde:

—Total qué más da, son cuatro días.

Por fin se levanta, se despide, con el paraguas en seguida se zambulle en la noche empapada de olor a eucalipto y baja por la carretera un breve trecho hasta tomar la senda de la aldea. Junto a la cancela del cementerio proclama un grillo su parva existencia. Se escucha en los aledaños un aleteo suave.

... Algunas veces, Gordo, me acerco al bar y les contemplo jugando su partida y pienso

72

que ya que al fin y al cabo estoy en este avatar, me gustaría ser capaz de poner tanto calor, qué digo, siquiera la mitad, en mi novela: ellos dale que dale, parecen eternos, no fluye para ellos el tiempo, inconmovibles, permanentes: órdago, y seguirían así siempre sin un pestañeo, una copita de cuando en cuando, y yo mirándoles, y levantándonos sólo para mear...

Se mezclan en el bar las palabras de la televisión con los golpes de las fichas y de los vasos y con la algarabía de las conversaciones.

El humo de los cigarros envuelve suavemente las estanterías portadoras de objetos raros que, entre las botellas barnizadas de vejez indefinida, semejan exvotos de un templo insólito: la tosca reproducción de un vagón de ferrocarril, un manequenpís de barro, algún caparazón de centolla y de langosta.

En el centro de la pared del mostrador, como el ojo vigilante de la deidad, preside la bulla tabernaria un dólar de papel enmarcado y protegido por un cristal.

También está hoy aquí la chica llamada Teresa, acompañada de un muchacho barbudo.

Andrés Choz se acerca a ellos: Viva la juventud, exclama. Ella le coge de un brazo: Voy a presentarte a Armando, dice, y Andrés Choz y el muchacho se dan la mano.

El muchacho es profesor de literatura y Andrés Choz está a punto de decir que son colegas, pero para qué. Luego ella le cuenta al otro que Andrés está escribiendo una novela y el muchacho se muestra interesado: puesto que preparo mi tesis sobre novela contemporánea, en cierto modo, y otras maneras de comunicación, pero también novela, un poco en relación con aquéllas, ¿comprendes?

Bueno, dice Andrés Choz, yo soy un escritor ocasional, escritor amateur, sólo en las breves horas que me permite mi trabajo en la editorial, total un libro de relatos, os hablo del cincuenta y poco, seríais unos niños, una obra absurda de teatro del absurdo que nunca se montó pero que me publicaron en Joglaría. ¿La conocéis allí?

El muchacho mueve la cabeza, quién sabe si aquiescente o dubitativo.

Andrés Choz continúa hablando mientras como un fogonazo pasa por su mente el pensamiento de que está dándole demasiado a la lengua, ya que al fin y al cabo qué les importan a estos dos tus cosas:

—Y algunas traducciones, sobre todo una en que pongo todas mis complacencias, *La Isla del Tesoro*, esos son mis poderes.

Piezas de a ocho, barras de plata, pólvora y mosquetes: se bebe de golpe la copa y llama al rubicundo tabernero accionando eficazmente. Repiten los tres.

—Pero ahora sí estás escribiendo, eh, me contabas el otro día, la otra noche, verdad.

Ahora está muy tranquila pero la otra noche (estaba sin duda algo achispada) se dirigió a él diciendo algo y se veía que se encontraba muy aburrida.

—Me horroriza este pueblo. Parece un panteón.

Andrés Choz la había amonestado: nadie tiene derecho a la acedía mientras vive la florida juventud. Y además qué diablos haces aquí si esto no te gusta, porque tú tienes pinta de veraneante.

Ella le contó que había venido con un amigo y luego farfulló algo contra el mar, yo me mareo terriblemente, ¿y tú?

—¿En barco?

—Sí, en el mar.

No, no se mareaba mucho, repuso Andrés Choz, o qué sé yo, hace tanto tiempo que no subo a un barco que ni lo recuerdo, ¿dónde está tu amigo? Y la muchacha se le quedó mirando.

—¿No te digo? De pesca, conoce a un pescador y salieron. De pesca nocturna.

El caso es que despés charlaron largo rato, confiándose mutuamente aficiones y repulsas, contrastando recuerdos de paisajes y de situaciones familiares, intercambiando premoniciones en torno a los rumores políticos.

Luego, Andrés Choz acompañó a la chica hasta casa dando un paseo. La noche estaba serena y ella se cogió de su brazo.

Cómo te deja sola, dijo él, te va a comer un lobo.

Y a lo largo del camino reconoció, pretendió, inventó, aseguró que ha vuelto a estas costas por agarrarse a algo ahora que el tren va a detenerse tan pronto, en la sospecha de que encontraría desperdigados entre los charcos de la bajamar los mismos camarones, caracoles, cangrejos de la infancia, el minúsculo marisqueo.

Escruta entre los charcos el nervioso vagar de los alevines, arranca de su alvéolo los erizos, contempla embelesado el suave movimiento de sus espinas primorosas, con las manos juntas intenta atrapar al camarón huidizo cuya trasparencia hace resaltar las coyunturas malvas en la fina textura de sus patas.

—A veces, como cuando era chaval, hablo en voz alta conmigo mismo, interpelo a mi presa, entra, pequeño, le digo, no te escaparás.

Puede romper la abstracción de su cuidadosa maniobra el graznido de alguna gaviota, pero la neblina le protege con su amoroso consuelo, hermano su cuerpo de esta apacible soledad, de esta indiferencia, de este desamparo, del ritmo que señala el rumor de las olas.

A lo largo del paseo escucha ella al caballero de serena voz, de ademán propicio al trato amigo:

—Y a veces me imagino que Julia está conmigo, que está sentada más arriba mirándome pescar, que llevaría en una mano el caldero de la niña, te cogí, debí decir, el camarón se sacudió en mi mano, miré arriba pero no es Julia, el viejo pescador se siente embarazado al descubrir mi sorpresa, una incierta sospecha atravesó sus ojos, me saludó y se fue apresuradamente.

—Bueno, sí, estoy escribiendo, pero nada importante, no creáis, un relato fantástico, ligero, algo parecido a la ficción científica aunque sin ser muy científico que digamos, qué sé yo, ¿os gusta la ciencia-ficción?

La muchacha no conoce el género, pero asegura que, sinceramente, no le atrae. El profesor de literatura, cuya mirada se ha hecho más opaca conforme hablaba Andrés Choz, recuerda solamente el nombre inevitable de Bradbury y *Un Mundo Feliz*. Andrés Choz dice que, no obstante, se trata de un género contemporáneo.

Armando dice: no, no me has entendido, no es sobre géneros lo mío, es sobre formas, formas de comunicación y cómo se deterioran las tradicionales.

—Ya —dice Andrés Choz.

Armando añade: en cuanto a la novela, depende: también hay formas nuevas de novelar, pero en tanto el lenguaje asume otro papel. De todas maneras, lo cierto es que el tema novela lo tiene todavía poco visto, nada pensado.

Pero Andrés Choz dice: no me digas, no me hables *de la demolición del concepto esclavo hasta ahora de la frase-significado y obligado por tanto a una servidumbre continua del lector y de la obvia clase social del lector,* o algo así.

Armando le mira con extrañeza, pero Andrés Choz está doctrinario y sarcástico y sigue: no me digas lo de la novela-sin-autor-ni-lector.

Pero en la extrañeza de Armando y de la chica ve reflejado su improcedente desvarío.

Bueno, exclama, lo leí en una revista. Ni dios ni amo, y le da una palmada a Armando. Es en coña, hombre, vamos a tomarnos una copa en el hotel.

Salen los tres, la chica del brazo de ellos. El brazo de Andrés Choz se aplasta contra el costado de la chica: por un momento notó el seno izquierdo que antes había marcado a la luz del bar su denso alabeo en el jersey e insinuaba el pezón rememorado en la cama la otra noche por el viudo Choz, que hay que ver cuánto tiempo sin estar con una mujer.

En el hotel bebieron: otra más, licenciados, decía Andrés Choz, con lo que imaginaba acento puro de Morelos, en un latiguillo que le atrapó durante un rato entre su cola. Al fin dijo Armando de acercarse a otro pueblo. Y así hicieron.

Y fue bastante beber.

Ahora lleva la muchacha el coche.

Atrás yace Armando. Borracho, exclama el propio beodo, cerdo de la epicúrea piara, rayos y truenos.

Teresa está bastante serena y conduce con una sonrisa en los labios. Andrés Choz contempla las blancas manos de la muchacha sobre el volante, las finas manos.

Amanece en lo gris y Teresa detiene el auto. Armando duerme ya. La muchacha mira a Andrés Choz.

—¿Quieres dar un paseo?

Él asiente. Salen a la neblina fresca que tira puñados de orbayo contra sus rostros y bajan luego de la mano por el sendero que se escurre hasta la playa solitaria.

—Abuelo y nieta.

Y la mira guiñando un ojo. Verdaderamente, ha bebido mucho y una espesa sensación se va posando en su cabeza.

Donde mueren las olas, la niebla es muy densa y apenas una breve lengua de agua señala la parte de la mar. Si la niebla se desplazase unos metros, el escaso atisbo desaparecería: podría entonces pensarse que detrás había una pared muy alta o un hoyo vertiginoso y que el ruido de las olas era el aliento de alguna bestia enorme e invisible.

Andrés Choz y Teresa recorren lentamente la línea de la marea, sobre el silencioso trajín de las pulgas, contemplando los extraños restos de la bajamar: botellas erizadas de percebes malvas, palpitantes y frágiles que laten también en cajas o maderos, arracimadas como las tallas de un artista loco; un zueco al que las algas y una larga travesía han transformado en ominoso caparazón; papeles a los que la mar arrancó su mensaje; pedazos irreconocibles que dejan traslucir sin embargo una leve mueca doméstica.

—Esta hora me gusta.

Ella lo dice lentamente y enciende un cigarrillo.

Una gaviota planea hasta detenerse cerca de ellos, picotea entre los restos, grazna y vuela otra vez alejándose.

Tú, Andrés Choz, abuelo incestuoso, viejo verde lleno de lúbricos impulsos, contemplas la forma de las peñas semejantes a las cercanas redondeces. Qué obscenidades podría haber gritado sobre las olas en aquel mismo momento el caballero. Pero la niebla empieza a alzarse lentamente, como un telón, y deja ver el incansable esfuerzo de la mar.

La muchacha tiró la colilla.

—Si quieres vamos, te acerco hasta tu casa.

... Gordo, acabo sin más: es el alba y entro en el catre con la satisfacción del beber cumplido:
¡ABAJO TODO,
VIVA LA LITERATURA!

CAPÍTULO TERCERO

Transgredió la Norma sin violencia. Luego, apenas una leve inquietud ante la desconocida sensación.

Desde Adentro todo había sido distinto: nunca pudo imaginar que el paisaje solitario estuviese envuelto en aquella vibración estridente.

Permaneció inmóvil, atento a la poderosa emanación.

Era sin duda el contacto directo del flujo solar, pero había también una radiación distinta, un efluvio rotundo que se desprendía del propio paisaje.

Su percepción fue adecuándose al estrépito, aprendiendo su cadencia. El resonar alborotado se convertía en rumor armonioso.

Escudriñó despacio el ritmo extraño que nunca le había sido comunicado, escrutó las fuentes múltiples del temblor persistente, comprendió al fin.

Aquella emanación se desprendía de los matorrales absorbiendo la luz, de los insectos organizando infatigables las habitaciones de su especie, de los pequeños mamíferos buscando el alimento.

Aquella pulsación melodiosa que fluía desde todos los rincones era el resonar de la vida. Y él la recibía con delectación.

Ahora, después de sus esfuerzos por volver Adentro, recuerda con amargura esa embriaguez: pues ahora comprende por qué la vieja sabiduría del Pueblo estableció la Norma.

Pero aquella primera salida fue tan gustosa que, cuando volvió entonces Adentro, sentía como un obstáculo Máquina de Ons interponiéndose entre él y Afuera, entre él y el tañido verdadero de la vida.

De modo que volvió a salir: la vez siguiente en un lugar que abundaba en vegetación, atravesado por una gran corriente acuática.

Se escurrió sigiloso entre las ramas de los árboles enormes: recibía goloso el bullicio unánime de unos animales satisfechos.

Pero ya entonces descubrió un tono diferente: aunque casi oculta por la fuerza del sentir común, una aflicción solitaria manifestó agudamente su presencia.

Un animal descendía frenético hasta la enmarañada vegetación, al pie del árbol, donde permanecía un cachorro agarrotado en un sentimiento de terror mientras se aproximaba a él el ansia hambrienta de otro ser.

Aquellas sensaciones nuevas no eran ya placenteras, sino dolorosas. Y a su turbación se unió el desconcierto por la inesperada impresión.

Pero el adulto llegó al suelo, gruñó feroz a la bestia que se acercaba, rescató al cachorro, trepó de nuevo árbol arriba. Y ahora se transmutaba la angustia anterior en una solicitud cálida que se derramaba arrolladora, en un calor que tenía también un signo nuevo.

Y de pronto recordó al Pueblo y al Sueño Anterior, porque la emoción de aquel animal tenía un sabor reconocible que establecía una misteriosa fraternidad entre ellos.

Una tras otra, las nuevas impresiones le hicieron considerar cómo breves salidas Afuera habían sido capaces de enriquecer su experiencia de un modo muy superior al conseguido desde Adentro a lo largo de la Exploración.

Al recordar el énfasis sobre el respeto a la Norma se sentía profundamente desasosegado: ya no se adhería sin titubeos al magisterio de los Hermanos Mayores.

Por eso ahora, cuando el silencio le rodea Adentro como el único abrigo posible, se siente indigno del Pueblo. Será una reflexión provechosa, aunque entonces vivió con exaltación la directa percepción de las cosas.

Aún cuidaba de no acercarse del nuevo modo —infringiendo la Norma— a los seres conscientes, ya que prevalecía en él la prohibición de interferir y temía ser percibido, en caso de que a ellos les fuese posible captar el sentimiento ajeno. Pero una noche se dirigió a un poblado, esperando encontrarlos sumidos en la misteriosa inconsciencia de su descanso.

Sin embargo, aquella noche no dormían: al pie de grandes peñascos, alrededor de un leño engalanado, danzaban y cantaban.

Salió sigilosamente de la Máquina y les percibió durante largo tiempo: celebraban el renacimiento de la vegetación, la vuelta del verde, y la unanimidad del sentimiento le llenó de una emoción intensa.

He aquí lo que pensó, lo que sintió: tenía el atisbo inmediato de muchas explicaciones magistrales, de que allí cerca de él, aunque de modo grotesco, la naturaleza manifestaba una incipiente conciencia de sí misma.

Creyó comprender que aquellos seres celebraban, en la reaparición de un ciclo natural, la manifestación de una fuerza invisible y todopoderosa, propiciadora del cielo y del agua, de la hierba y de la tierra, de la espiga y de la nuez.

Pensó que aquello, en su tosquedad, no era sino un bosquejo de otras inquietudes, un anticipo de los temas que inevitablemente debería plantearse la especie alguna vez.

En aquellos ritos impregnados de figuraciones irracionales encontraba un talante que, aunque muy difusamente, se emparentaba con el espíritu de las Grandes Preguntas: Todo Empezó O Es Desde Siempre, De Donde Vino Lo Que Es, Acaso Es Todo Una Burbuja Entre Nada.

Ellos, sumidos en un fervor respetuoso, ajenos todavía al grado en que el Conocimiento se robustece conforme destruye los sencillos y mentirosos mitos consoladores, bailaban en torno al mayo entre cantos agradecidos, convirtiendo al fetiche ya no en la imagen del dios sino en el mismo dios que había vuelto para redimirlos del invierno y salvarlos del hambre y del frío.

Todo esto pensó y estaba conmovido ante aquella confianza dilapidada, ante los fantasmas omnímodos y paternales urdidos por la razón incipiente.

Estuvo a punto de presentarse ante ellos en la voluntad de hacerles andar mil pasos de una sola vez. Sólo le mantuvo Ajeno la rotundidad ingenua de aquella fe.

Pero aquella emoción no se repitió.

Volvió a acercarse a ellos cuando buscaban alimento enfrascados en una prolija operación que duraba ya varias jornadas.

Bullía en ellos un ansia exacerbada, nada placentera: detrás de los cazadores cansados y trémulos se tensaba el hambre silenciosa de la tribu. Pero las grandes bestias perseguidas conseguían evadirse del acoso.

El acoso prosiguió hasta que la caza entró en la trampa: los cazadores primero y todo el poblado luego cayeron sobre ella.

Así sintió: torbellino demente de regocijo más allá de cualquier excitación; ya no la satisfacción del hambre poderosa, acumulada a lo largo del acecho penoso, sino una pasión nueva y horrenda, que se encendía cada vez más ante los berridos de las bestias acuchilladas, que palpitaba en la fruición con que adultos y cachorros bebían la sangre cálida o embadurnaban con ella sus cuerpos, que restallaba en los escarnios a los animales agonizantes.

Pensó que aquel gozo era impío y aquella impresión agrietó profundamente la experiencia que había creído sólo deleitosa.

Sin llegar al espanto que ahora le mantiene derrotado y maltrecho, entonces sintió introducirse un chirrido disonante en la pretendida armonía de Afuera.

A partir de entonces no volvió a salir hasta el presente Registro.

Hoy divisó una gran humareda sobre un poblado: el fuego se enroscaba en las cabañas y los almacenes.

Una masa gritadora de bípedos corría en confuso trayecto perseguida por otros que los golpeaban, los herían, les arrastraban para arrojarlos a las llamas.

Había contemplado muchas escenas semejantes —véase Muestras Registradas— pero esta vez el suceso despertó en él una gran curiosidad por palpar la vibración real, aun suponiendo que la percepción directa de aquella violencia sería muy ingrata.

Cuando estuvo Afuera, se encontró bruscamente envuelto: experimentaba en su propia conciencia el dolor de los golpes, de las cuchilladas, de las llamas: se retorcía bajo el dominio de aquellos afanes mortíferos: le atravesaba el horror solitario de los cachorros, la sanguinaria pasión de los adultos.

Pero prevalecía sobre todo —prevalece— una sensación monstruosa: como si en lugar de una batalla entre formas inferiores estuviese captando al Conocimiento enloquecido destruyéndose a sí mismo —imagen extraña, debe hacerse observar— una intuición que le aniquilaba.

Se fue arrastrando penosamente hasta Máquina de Ons y ya Adentro, aún dolorido y estupefacto, contempla, sin fuerzas para alejarse, las brasas, los cadáveres, las ruinas del poblado, el páramo oscuro.

Silencioso y doliente, pero debe preverse una reacción positiva.

Parece no proceder Recuperación y Salvamento.

Máquina de Ons informará de nuevo al acabar la Ronda.

Fin de Transmisión Excepcional.

(Cuatro)

—Don Pedro Choz Zapater, boticario ilustrado, regresaba a casa un hermoso mediodía de mayo cuando divisó una figura extraña que se movía cerca del agua. Tras breve contemplación, el boticario comprobó que se trataba de un niño completamente desnudo.

—Eras tú, verdad.

—El niño tendría como tres años y correteaba por la ribera.

—Eras tú, claro.

—He ahí el misterioso origen de Andrés Choz. Don Pedro Choz Zapater carecía de descendientes legítimos, por causa de ciertos humores malignos que se albergaban en la matriz de su esposa.

—Él te recogió.

—No sé si su resolución fue inmediata o si transcurrieron minutos, horas. El caso es que don Pedro se llevó el niño a casa.

—Era un hombre bueno.

—Como el infante no fue reclamado por nadie, el boticario decidió adoptarlo.

—¿Cómo era?

—¡Hijo del Cúa!, le gritaba al rapaz, subiéndole a sus rodillas. ¡Hijo del Cúa y de un hada del robledal! Tu aparición fue en primavera, cuando las flores y las avecicas y las bestezuelas se afanan en la tarea genesíaca. Razonable es que a veces te cautive algún etéreo ensueño. Pero me duele comprobar que vives sumergido en perenne embeleso. Pospón tus inquietudes pastoriles y no eches en olvido que te debes al estudio de la gramática y de la aritmética, y que esas artes, y no la de la pajarera redada, harán de ti un ciudadano de provecho.

—Te quería.

—Muera el amor, decía, abajo la tiranía de los sentires. Sean las bestias depositarias de las irracionales ligazones y en la atadura del instinto avasallador hieran y maten. Mas el hombre triunfe del amor en nombre de la razón, para fundar su reino en el mutuo respeto y en la solidaria comunicación, así sea.

En el recuerdo de Andrés Choz, don Pedro Choz Zapater golpea con la badila un leño de la chimenea, levantando nubecillas de chispas. A la luz del fuego se hacen más estrictas las asperezas y rugosidades de su rostro y el gran bigote parece moverse al compás de las llamas.

Don Pedro Choz Zapater empuja los pedazos del tronco incandescente, deja la badila, observa un momento a su esposa. Doña Balbina suspira. Don Pedro paladea un sorbo de su copa.

—Era un hombre cordial, enamorado: tuvo hijos de varias mujeres del contorno.

Doña Balbina teje con sabiduría animosa. Don Pedro Choz añade:

—El amor de dos es veneno, Balbi, puro veneno social. Observa sin ir más lejos la tópica saga de Romeo y Julieta: traicionan a sus padres y a sus hermanos, haciendo de la sangre familiar ungüento afrodisíaco, mangas y capirotes de su clan generador, y se pretende justificarlos ante la Historia engalanando con afeites de trágica grandeza la mezquina satisfacción de aquellas dos concupiscencias. Cuando amanece y ella le habla, qué insidia, de qué modo siente el espectador ingenuo que le atenaza la emoción. Y sin embargo, sólo es una artimaña para convencer de unos valores que son sediciosos de los que deberían ser los valores verdaderos. *Sapiens nihil affirmat quod non probet*, Balbi, y yo te aseguro que el loco amor es enemigo de la Historia.

En el recuerdo de Andrés Choz se oscurece el rostro de don Pedro.

—Doña Balbina estaba fascinada por aquella seguridad inconmovible de su esposo. Yo la veía en muchas ocasiones contemplarle a hurtadillas y mover los labios como en el avatar de un diálogo que nunca pude imaginarme.

La muchacha saca el último cigarrillo, estruja el paquete y lo arroja al mar.

—Teniendo tantos hijos, por qué te adoptó precisamente a ti.

Andrés Choz se encoge de hombros.

—Yo no lo recuerdo, claro, pero me imagino, desnudo y pequeñín, en la soledad de aquella mañana. Yo también me pregunto, sobre todo me lo preguntaba de mozo, quiénes serían mis padres, de qué manera llegué allí, y ahora que el fin se acerca me pregunto muy a menudo por mis orígenes.

La muchacha le pasa el cigarrillo.

—Me pregunto por mis orígenes porque creo que, cuando conoces a tus padres y ellos a los suyos, etcétera, tienes conciencia de la atadura con los ancestros, del hilo que se pierde en el pasado y que te atraviesa cargado de mensajes reconocibles, concibes fácilmente las oleadas sucesivas que te han puesto aquí, puedes llegar a olvidar tu propio rostro y a ver un rostro borroso que tiene más rasgos de la especie que de ti mismo. Yo, sin embargo, no tengo ni siquiera ese consuelo, parezco el primero de mi estirpe. Y la falta de aquella cadena hace que me sienta bastante perdido.

Don Pedro Choz Zapater detuvo el caballo.
—Eh, rapaz.

El niño estaba sucio de barro. Llevaba en la mano una ramita con la que fustigaba las hierbas. Le miró y balbuceó, alzando los brazos en ademán indescifrable. La mañana era soleada pero muy fresca.

—Rapaz, qué haces tú aquí.

Don Pedro Choz Zapater miró a los alrededores. La placidez campesina llenaba la ribera de suaves murmullos. Al otro lado del río picoteaban un rastrojo dos cigüeñas.

Don Pedro bajó del caballo, desató la manta y envolvió al niño con ella. El niño se dejó hacer sin rechistar. Luego, don Pedro montó con el niño en brazos, chascó la lengua y el caballo reemprendió su tranquilo paso.

—Yo qué sé —suspiró Andrés Choz—. Otra de sus paradojas. Un poco porque nadie me reclamó, naturalmente. Creo yo que, sobre todo, porque de aquel modo renunciaba al bajo halago del ligamen carnal. Como él diría: ninguna sangre nos unía. La verdad es que yo le quise igual que a un padre.

—¿Andamos un poco? —dice la muchacha—. Se está poniendo frío.

—Su obsesión era hacer de mí un conocedor de todos los saberes. Cuando yo era chaval era exhaustivo profesor de las estaciones, de los oficios, de las setas, de las antiguas civilizaciones, de las variopintas culturas. Luego se empeñó en convertirme en un experto en Economía

Política, la ciencia para él del futuro. Acumulaba en su biblioteca gran cantidad de libros sobre la materia.

—Un ilustrado.

—Cuando llegó la República estaba exultante. Afirmaba que, sin duda, la aplicación estricta y democrática de aquella Arte Magna haría brotar la prosperidad por doquier.

—¿Qué fue de él?

—Al pobre lo asesinaron en la guerra malamente: sus largos monólogos públicos le habían rodeado de un aura progresista bastante sospechosa. Cuando regresé de Francia supe que le habían paseado. Por masón. Ni siquiera supimos dónde quedó su cuerpo.

—¿Y ella?

—Doña Balbina le sobrevivió penosamente un año

Andrés Choz se levanta. El sol deja en el mar un rastro rojizo.

—Bueno, vamos.

La muchacha se coge de su brazo.

Un día menos, dice Andrés Choz.

La muchacha aprieta su mano.

—Vaya, no te pongas triste.

Andrés Choz sonríe, declama:

—Hija mía, yo estoy más allá de la tristeza, yo soy ya un muerto. Me han regalado medio año de vida pero soy carne de osario, o como dijo el poeta, entre las dos oscuridades ha resplandecido mi breve rebullir.

La luz de la tarde se espesó; comienza un tembloroso lucir de estrellas. Andrés Choz extiende los brazos y aspira fuerte.

—Pero te juro que me invade a veces el miedo, cómo decirte, un miedo indescriptible por lo desolado, la congoja enorme de pensar en perder para siempre este olor, el ruido del mar, el frío en el rostro, alguien con quien te comunicas, a quien cuentas y te cuenta.

La muchacha y Andrés Choz enlazan sus brazos y caminan por la senda del acantilado. Cerca navega una dorna con las luces encendidas.

—Y, sin embargo, ahora mismo tengo hambre —dice Andrés Choz—; así es la vida.

La muchacha susurra:

—Pueden haberse equivocado.

—No —responde Andrés Choz—, no se equivocan. Hay ya una ramificación danzando por aquí, el médico es amigo mío, para qué contarte: de hombre a hombre, como se dice, me lo dijo; inútil operar, inútil todo. Escasamente llegaré a la próxima primavera, según las estadísticas.

—Qué horror.

Andrés Choz se detiene.

—Y lo curioso es que siempre estuvo la idea de la muerte en mi cabeza como un culebrón viscoso. A los veinticinco años pensaba: otros veinticinco, cinco veces cinco años, un soplo, y las puertas de la decadencia. A los treinta y cinco, viendo crecer a mi hija, sentía aún claramente el galopante devenir. A menudo miraba a Julia mientras dormía y me desgarraba el corazón saber que alguna vez habría desaparecido para siempre esa intimidad cálida de su cuerpo y del mío, esa precisa y exacta realidad de la noche alrededor nuestro, de nuestra cama, de nuestras ropas. Julia me compadecía porque ella nunca estuvo cercada por esta continua congoja: encontraba natural el paso del tiempo, la muerte, el olvido. Yo le decía que las mujeres tenéis suerte, que el poder crear los hijos dentro de vosotras es una vacuna contra esta angustia: sabéis que un semejante salido de vuestro cuerpo, parte vuestra, os sobrevivirá.

—Pero todos tenemos que morir —susurra la muchacha.

—Y al menos esperaba una vejez tranquila, soñaba que la vejez, con el extinguirse de los fuegos, me daría cierta consolación ante el final ineludible. A los cuarenta decía: cuatro lapsos más de cinco años y brotará mi vejez. A los cincuenta sabía que me sobrevivirían en bastante buen uso muchos objetos, la máquina de escribir, el tocadiscos. Cuando murió Julia, la sensación de que toda mi vida estaba ya vivida no me abandonaba nunca, pero iba tirando. Y ahora, fíjate: me horroriza morir tanto como siempre, sin ninguna resignación, sin ningún acomodo.

—Todos nos morimos, Andrés. La muerte es un hecho biológico, como el nacimiento.

—Ahora sí estoy seguro de que todo me sobrevivirá, estos pantalones, qué sé yo, botellas de vino que nunca abriré porque se han pasado ya todas las posibles celebraciones, todos los cumpleaños.

La dorna ha doblado el promontorio.

Don Pedro Choz Zapater acaba su lectura y levanta luego la vista del libro. Doña Balbina se acerca a él y le mide la manga con el punto. No te muevas, dice. Vanidad de vanidades, exclama don Pedro Choz Zapater observando la labor de su mujer. Luego la mira a ella, va a quedar largo, añade. ¿Tú crees?, duda doña Balbina. Largo de brazos como el otro, responde don Pedro. ¿Imaginas que tu legítimo esposo es un orangután? Toma el punto en su mano: hay que quitarle diez centímetros por lo menos, aduce. Doña Balbina lo mira indecisa. Además me da igual, replica don Pedro Choz Zapater; a mí qué puñetas me importa, hazlo como quieras, qué más da, parece que hablo para las paredes. Doña Balbina dice tímidamente: te escuchaba; pero él pregunta: ¿me escuchabas? Y ella inclina la cabeza, mira el punto. Don Pedro suspira, voy a repetirlo. Truena ahora su voz:

Ni por más que alarguemos nuestra vida,
algún tiempo robamos a la muerte.

¡Sólo te traspone esa futesa del punto! ¡Te acorazas con esa leve trama frente a las únicas verdades! ¡No me haces ni maldito caso! Te juro que te escuchaba, Pedro, era sobre morirse y lo triste que es.

—Bueno, bueno —carraspea don Pedro, y se pone las gafas—; cuidado no lo dejes largo otra vez.

—Hambre de lobo —repite Andrés Choz tras una pausa—. Te invito a cenar.

—No —dice la muchacha—, déjame invitarte, ven a casa.

—Vale —dice él, y *sursum corda*.

(Cinco)

La casa de Armando es un edificio destartalado que la familia abandonó hace muchos años. Reparaciones mínimas han aparentado habilitarlo, pero una breve estancia bajo el techo vetusto demuestra que en los entresijos de la casona se agazapan el frío y la humedad de tantos años de soledad deshabitada.

Sobre la mesa de la cocina se amontonan libros y papeles: la tesis de Armando. Andrés Choz husmea los libros.

—¿Cuándo vuelve?

—De madrugada, dice ella.

—Yo había creído que los intelectuales de la contracultura aborrecían la vida *plein air.*

La muchacha sonríe y comienza a batir los huevos. A los pies de Andrés, que da un respingo, aparece y se despereza un gato marrón.

—¿Y pesca mucho?

—La otra vez trajo muchas cosas: marisco, peces.

Andrés Choz pela la primera patata.

Ambos están en silencio.

El escorzo de la cabeza de Teresa, aplicada a la rítmica percusión del tenedor, el perfil del rostro, la melena que se enrosca en el extremo, el atisbo del cuello, traen hasta Andrés Choz la certidumbre de una imagen semejante.

Un ligero movimiento de ella y la mejilla derecha más en sombra, un bamboleo del remate espiral de los cabellos, el contorno de la nariz y del mentón destacando su línea neta sobre el fondo oscuro, reiteran el rastreo de su recuerdo y lo descubren:

Julia.

El tiempo ha ido amontonando su espeso detritus sobre las remembranzas, pero al mezclarse las imágenes aparece la antigua, flamante y fresca.

Y es otra vez otoño, chove en Santiago, los pasos de Andrés Choz retumban en la biblioteca oscura que huele a libro muerto, a enciclopedia corrupta y fétido manual, el viejo canónigo levanta sus ojos de las contabilidades minuciosas y él mueve la cabeza saludándole y continúa andando hacia la silueta del fondo: la luz del ventanal ilumina la melena castaña, la mano derecha apoyada en la frente obliga a los cabellos a desparramarse hacia el opuesto lado y penden rozando casi el pupitre y enroscando en el extremo un remolino denso.

Él se sienta frente a ella, contempla la cabeza estática que mueve los labios lentamente, absorta en los sin duda intrincados párrafos de un texto, hasta que al levantar los ojos de la página tropieza con la mirada de él y titubea un instante, se turba.

Él sonríe y le dice: buenas tardes, y ella musita también un saludo. Él añade: ya os está apretando el Sicofante, ¿verdad?, y ella sonríe también, y su sonrisa relumbra sobre la madera maltrecha, al trasluz del polvoriento ventanal, fulgura como un sol de carne que ahora cuando se recuerda quema todavía.

Y es como si recuperase aquella madrugada de abril y de puntillas junto al ventanal, cruzados los brazos, suspirando tras un escalofrío súbito, ella contemplase otra vez el silencio gris de la arboleda comprobando la soledad propicia a la partida de él, tras el nocturno encuentro, primero en que realizaron los deseos largamente exasperados en caminatas suburbanas, junto a la frontera de las farolas, excursiones colectivas en que todos los ojos escrutan, cines y teatros que escasamente hacen posible el escondido roce.

Y se recuerda trepando por el emparrado, sujetándose al alféizar mientras ella reía en voz baja, ayúdame, mujer, sus zapatos raspando en el muro con un sonido capaz de despertar, temía, a los durmientes.

Luego un largo lapso de susurros, ambos sentados en la enorme cama cogidos de las manos, besándose a menudo pero posponiendo, como ante una misteriosa dificultad, contactos más recónditos. Y al pronto la comprobación de la humedad y del frío, un estornudo de él y risas de ambos, ahogadas contra la almohada.

Y luego sus desnudeces bajo las cobijas, un abrazo apretado sin otro tacto al principio que el ajeno calor, los pies helados de ella, pero más tarde los perfiles ya de los cálidos rincones y de las prominencias dispuestas a las amatorias conjunciones: ahora los delectables palpamientos, los alientos aturdidos.

Y un sueño al final ligero, carne contra carne, o no durmió ninguno, mas cerraban los ojos simulándolo, en la oreja de ella musitaría Andrés Choz versos acaso de Ronsard que, memorizados a medias y malamente dichos, adquirían sin embargo en el alba su son verdadero.

O es el escorzo de ella, aunque sustituido el pelo por los picos de la pañoleta, alguna tarde de sol blanquecino, esperándole en la estación, o era una plaza, contra una pared oscura, protegiéndose de la lluvia con un paraguas, o no llovía, acercándose a él y él rompiendo a llorar: detrás interminables ferrocarriles, la cochambre de Vaccarés con los héroes mugrientos y los niños piojosos amontonados mientras el noble pueblo galo les miraba con más asco que otra cosa, ella le sacude con gesto nervioso alguna mota de ceniza en la solapa del raído capote mientras él deja en el suelo su macuto atiborrado de escapularios, estampitas, propaganda nacionalista; detrás el azaroso retorno con el horror de la guerra nueva, la pesadilla nada plateresca de San Marcos de León, las palizas y las muertes, la pobre gente hacinada y en sus ojos el miedo, la imperial chulería de los jaques del Orden Novísimo, la untuosa soberbia de los clérigos que acompañaban a devotas señoras en periódicos viajes de misión a través de aquella humanidad réproba.

Pero ella está al lado, su dulce cabeza contra un sol desvaído, o llovía, ella que ha escudriñado todas las posibles relaciones familiares hasta conectar con obispos y jefes, oficiales y damas pías.

Pobrecina, pobrecín; y se abrazaron largamente entre los humos de la estación, o no era una estación de tren porque había llegado en el coche de línea.

Y ahora inclinada sobre el moisés hace tintinear el sonajero que había sido de don Pedro Choz Zapater y al que aquél atribuía misteriosas ascendencias visigodas, y Julita lustrosa, repolluda, pelona, abre su boca desdentada, gorgoritea, mueve sus piernecillas apartando la colcha, extiende sus manos y consigue enganchar los dedos en los cabellos maternos.

O el bebé no es Julita sino algún nieto, o ni siquiera es un bebé sino Julita niña escuchando la narración de Julia, ahora sentada a los pies de la cama, haciendo rodar su voz por los recovecos de una historia imposible, una de aquellas historias mágicas de su predilección, fruto sin duda de los cariños de una vieja nodriza; y es la silueta de su rostro contra la pared, el ralo resplandor de la luz de la mesita, entre los crujidos y los rumores de la casa familiar y los espeluznos de la oyente ante la evocación de aquel universo apretado en brujas y aparecidos, brumas que sollozan, Santas Compañas.

Y frente a los folios llenos de vana escritura, corrigiendo los exámenes para un colegio mediocre, la lengua asomada a los labios en una mueca infantil, intermitentes vueltas al lapicero azul y rojo en un afilador alemán, el cuidadoso acopio de las raspaduras, brilla en sus gafas la luz del flexo, esto después de que a él lo depuraran con la separación definitiva, rojas las mejillas de ella por la indignación, ella entonces meritoria para alcanzar alguna vez una plaza como la que te robaron, ladrones, pero superada siempre en las oposiciones sucesivas por las jóvenes generaciones que vienen arreando, y mucho ex-combatiente también, el caso es que nunca las sacó, empecinada, sin embargo, tanto tiempo la pobre en la batalla, hasta el cansancio, el retorno al hogar, las traducciones.

Y ahora inclinada sobre el ataúd llorando al padre, en el rostro del muerto una mueca más que serena, casi burlona, el orden de la ropa sobre su potente corpachón, un traje de rayas, la escarapela de Breogán en la solapa, mientras súbitas corrientes atraviesan la sala dando testimonio del ir y venir de un cortejo invisible y aúlla fuera el perro anunciando la muerte del amo.

O su cabeza apoyada en las almohadas, tan pálido ya el rostro, en sus ojos todavía la suave luz de siempre pero ya también una sombra agorera.

La muchacha añade:

—Bastante pescado, no creas, yo no entiendo mucho; él lo limpia, él lo prepara.

La imagen un instante evocada, interpolada de todas las imágenes hasta ser una sola, es sustituida por la de la muchacha.

Andrés Choz se limpia las manos en el trapo, se acerca hasta Teresa y las apoya en la cintura de ella, hunde su rostro en la melena.

La muchacha deja de batir y se queda inmóvil. Andrés Choz inclina la cabeza y besa el cuello de la muchacha y alza sus manos hasta sus pechos y luego los abarca, percibiéndolos tiernos y cálidos a través de la blusa; pero su caricia obedece menos a la concupiscencia que al deseo de comprobar que la tibieza del cuerpo femenino es la esperada y que la blancura de este torso tiene el tacto inconfundible.

—Perdona —dice, y la besa en la nuca, en el cuello otra vez, tras las orejas.

La muchacha se vuelve y le acaricia el rostro, le separa con las manos y luego atrae su cabeza y le besa en la boca. La chica tiene los ojos húmedos y murmura: pobre Andrés, y le besa de nuevo. Qué tibio está su cuerpo .

El corazón de Andrés Choz redobla como un tambor.

CAPÍTULO CUARTO

Más arriba del paredón acantilado sólo hay un cielo arcano, casi morado y casi gris, entre lo crepuscular y lo nocturno.

El agua y el declive de la escarpadura son macizos y densos y de pronto asoma en el borde la cabeza del padre de Asunción, que es un lobo, y observa a Mateo dentro de la hoya, el agua llegándole a los muslos y muy fría.

Los ojos malignos del lobo-padre de Asunción brillan como dos luces rojas, como dos farolillos, iluminan la escena tenebrosa mientras Mateo intenta trepar por las empinadas paredes, pero ha conseguido apenas sujetarse a una aspereza insignificante, alzarse hasta sacar los pies del agua en un enorme esfuerzo, cuando de nuevo cae al agua porque las paredes son resbaladizas, están untadas de una viscosidad espesa. Y en el borde, arriba, el lobo-padre de Asunción ríe, brillan sus dientes como carámbanos. Mateo intenta salir otra vez, palpa la pared buscando con frenesí un asidero más consistente, el frío le aprieta las manos como una tenaza gigante y se las deja exánimes.

Y ahora hay más gentes alrededor del padre de Asunción, gentes oscuras que abren su mirada en un gesto de sorpresa o de burla y mantienen una quietud silenciosa; y súbitamente el padre de Asunción ya no es un lobo, viste el habitual chaleco negro, la camisa sin cuello, el pantalón de pana. Es él quien está en el agua y no Mateo; Mateo ya no está en el agua sino en la orilla de la hoya, mirando desde arriba al padre de Asunción, de cuya cabeza brota un gran chorro de sangre, un chorro que tiñe de rojo el agua, las paredes del cráter, el calzado de los espectadores, la bruma que se enrosca en las penumbras vegetales, a lo lejos. Y ahora el lobo es el propio Mateo, sigue sintiendo mucho frío y todo está lleno de esa gente que le mira estupefacta.

Mateo se mueve en su sueño: un lobo olfatea ansiosamente los olores del hombre dormido, el sudor de diez días y diez noches de huida por las trochas de la montaña, al margen de los senderos y de las aldeas, los rancios alimentos del zurrón.

El lobo gruñe suavemente porque percibe de pronto una figura antes escondida: la del perro blanco del que no se desprende olor alguno sino un raro efluvio desconocido.

El lobo se detiene y observa aquella apariencia bajo la que se esconde una complejidad que no tiene nada en común con la suya, ni con la de los robles, ni con la de la trucha que ha saltado en el río, ni con la del hombre acostado y encogido que duerme cara a la roca con la cabeza apoyada en una mano.

Sin embargo, aquel extraño perro ladra con poderoso sonido y el hombre despierta y grita al ver el lobo, que escapa lanzando un quejido asustado.

Pero ya todo ha pasado. Una mezcla de congoja y lasitud llenan el corazón de Mateo. El barco zarpará esta madrugada. Qué voy a hacer contigo, dice a Kaiser rascándole las orejas, y el perro lame su mano.

El contramaestre, un asturiano patilludo de voz estentórea, le había palpado los brazos.

—Y tú, ¿qué haces?

—Yo, picador.

—Ya. ¿Y de política?

—Yo de eso no le sé nada.

El asturiano se había reído.

—Bueno, hombre, bueno; sólo era por preguntar.

Mateo se encogió de hombros y guardaba silencio. El otro miró a Kaiser.

—¿Es tuyo este perrín?

Mateo asintió.

—Pues lo siento, hombre, pero en este barco no hay perro que valga.

Atrás quedaron los largos días y las largas noches del miedo solitario, las oscuridades donde el mochuelo tiene la risa de la calavera, los mediodías con súbitas campanas o una conversación inesperada detrás de la sebe, los olores que de pronto traen alientos de cuadra y de pan, intuiciones de ahumados, de cocinas.

—Con quién te dejo yo.

Recorren al azar las sucias callejuelas del puerto y entran por fin en una taberna.

Mateo come un gran plato de patatas guisadas, moja pedazos de hogaza en la salsa roja. Kaiser se deja invadir por las sensaciones del hombre: se siente también lleno de aquella voracidad que no tolera pensamiento alguno, de aquella concentración intensísima en la somera masticación, en la deglución apresurada. Desde el estómago de Mateo irradia cada vez con mayor fuerza un aura consoladora que amansa las demás inquietudes de su ánimo.

Luego, Mateo se queda amodorrado bajo la caricia del sol de la media tarde que penetra desde un tragaluz y cae sobre su pecho como la luz divina de alguna muestra de iconografía religiosa.

Pero al cabo el perro percibe que ya no duerme, y aunque también suelen sufrir mientras duermen, el dolor de la vigilia es el más insistente. Qué especie extraña capaz de crepitar en la soledad de cada uno de sus miembros, de sobrevivir agujereada por heridas siempre abiertas, para la que casi ninguna serenidad está escrita sino principalmente violencia o estupefacción.

Después de todos estos meses, el perro vive también en una desazón continua, determinada por las desazones que le rodean. Se ve obligado a soportar sin transición el cariño y el rencor, el furor y el embeleso. Sería necesario apartarse, huir él también por las trochas de la montaña al rincón más alejado, allí donde no exista la vida inteligente, esperar oculto el rescate. Sería necesario desarraigarse de esta atadura pegajosa y abrumadora.

Porque aunque la distancia sea grande, en el sentimiento de Mateo está Asunción con el corazón agitado y un pasmo dulce en todos sus miembros mientras el propio Mateo, también atónito, acaricia el cuerpo de ella.

Un espeso matorral les cubría, cerca el río se escapaba noche abajo, olía a humedad, a hortelana, a hierbas que sus cuerpos aplastaron al tenderse, en una lejanía imprecisa se oían risas y canciones de romería, el cielo estaba pleno de estrellas, las manos del hombre temblaban al rodear suavemente el cuerpo de ella, besó con cuidado las carnes tiernas, apretaba contra el cálido pecho su rostro áspero, aspiraba el denso perfume corporal que se había ido fraguando en la tarde caliente. Otro perfume que no reconocían aunque era suyo les rodeaba a los dos, desazonó a un roedor inmediato, despertó una súbita inquietud en los élitros de un escarabajo y varias ranas saltaron al agua. Asunción desabrochó la camisa del hombre, enredaba sus dedos en el vello pectoral, separó sus propias rodillas. Mateo tenía las fauces secas, se movía ahora como si resbalase por el prójimo deleite.

Y el Hermano Ons se sintió arrollado por aquella delicia como ahora por su recuerdo en Mateo, por aquella fruición que llegaba hasta él y lo envolvía y lo aplastaba hasta hacerle el mismo daño que si de un sufrimiento se tratara y no de un goce; y se apartó violentamente, intentando desligarse de aquella delectación que se abría como una llamarada, como una flor olorosísima hasta la náusea, como una luz luminosísima hasta la ceguera.

Pero de pronto aquellas imágenes, aquellos olores, aquellos tactos, se han desvanecido y en el sentimiento de Mateo la figura de Asunción está ahora ante la puerta de su casa, llorosa, con los brazos extendidos a lo largo del cuerpo. El propio Mateo llora también a gritos, narra con voces ininteligibles una historia que ella no escucha, se golpea él mismo la cabeza con los puños, escapa luego con el zurrón al hombro por entre las sombras de la tarde.

Pero aquí no hay Máquina que te cobije, ya no está tampoco el espacio alrededor para sujetarte en su inmenso equilibrio vertiginoso, sino sólo este hombre que rumia recuerdos, y tras las cortinillas de la puerta del fondo una anciana que sobrelleva su última dolencia, y en el exterior, a unos pasos de la taberna, un niño que solloza porque se ha caído y rompió la botella de vino que llevaba a casa.

—Paisano, venga, dice Mateo. ¿A usted no le interesaría un perro?

El hombre sirve el orujo y apunta luego una mueca sonriente.

—¿Un perro? ¿Ése? Guapo sí es, pero qué hago yo con un perro. Ca, hombre, ya son muchas bocas en esta casa.

Fue en una taberna semejante: en la del pueblo. Era el anochecer y se congregaban muchos hombres. El padre de Asunción jugaba en una de las mesas. Una larga racha desfavorable le había puesto de humor sombrío y se desprendía de él una irritación retorcida, mientras sus compañeros y algún parroquiano le dirigían comentarios jocosos.

Mateo tomaba un vaso de vino en el mostrador. Llevaba todavía la ropa de faena y charlaba con dos compañeros de las últimas noticias de la gran guerra que enfrentaba a las naciones.

Una vez se cruzaron las miradas de los dos y el padre de Asunción dijo:

—Qué miras, tú.

Mateo, tras un titubeo, repuso:

—Nada, yo no le miro a usted.

Pero el padre de Asunción necesitaba exteriorizar la ira que había ido empapándolo a lo largo de la noche. Paso, dijo. Y luego, dirigiéndose también a sus compañeros, pero en voz alta:

—Me trae la negra ese muerto de hambre.

A partir de este momento Mateo sorprendió en sí mismo el nacimiento de una torva, rabiosa disposición.

Se acercó a la mesa de los jugadores. Hubo pocas frases más entre los dos. Estaban juntos, el rostro del hombrón rojo y el de Mateo pálido. El hombrón alzaba la cacha como enarbolando con ella un poderoso estandarte ante cuya simple contemplación debiera el otro caer fulminado.

Pero Mateo no retrocedía. Y antes de que los espectadores pudiesen evitarlo, había golpeado la cabeza del padre de Asunción con una jarra que se hizo añicos. El hombre cayó sobre la mesa, tirando los amarracos y salpicando las cartas de sangre.

—Lo mató, dijo al fin uno; lo mataste.

Mateo escapó corriendo de la taberna.

La tarde termina y Mateo se levanta.

—¿No tendrá usted una cuerda?

El tabernero le devuelve el cambio.

—Mira en el muelle, allí no han de faltar.

—Vamos, Kaiser.

114

Y buscó la cuerda: había muchas. Había también trozos de cacharros, cestas de pescado corroídas por la mar, viejas alpargatas deshilachadas.

De Mateo fluía ahora la onda sosegada de todos ellos cuando se concentran en una tarea, en una búsqueda, en una diversión tranquila.

Las sopesaba, las enrollaba en sus grandes manos, hacía un esfuerzo tirando de los dos extremos; ésta no, decía, y arrojaba el cabo al suelo.

—Y algún peso, Kaiser, también necesitamos algún peso.

Sí, ahora había de nuevo placidez. Como en los breves paseos con Asunción, en que sólo era posible el beso fugaz, la caricia furtiva. Como en las tardes de pesca, turbadas intermitentemente por el húmedo y restallante cuerpo de la trucha.

—Otra, y ésta sí es buena, rediós.

Porque de estar de parte de alguno de los dos, tienes que estar de parte del hombre. Y el hombre volverá a casa y habrá sonrisas y alabanzas.

—Algún peso que valga, Kaiser.

Ya es de noche y Mateo tiene la cuerda y el peso. Ya luce el faro, a lo lejos.

Mateo se sienta y dice:

—Ven, Kaiser.

El perro percibe el retorno de la pena al corazón del hombre.

Pero por qué ahora recuerda su valle, los montes, el castañal, la chopera, por qué ahora una paliza de su madre, cuando chaval, y unos besos más tarde sobre las lágrimas, por qué ahora se encienden en su mente los prados con la luz del verano, por qué esta congoja y esta nostalgia y otra vez Asunción cosiendo sentada a la puerta de su casa que alza unos ojos luminosos.

Y percibe que ahora él mismo, Kaiser, se entrelaza en la imaginación de Mateo con diversas memorias: hay un gato recién nacido y Mateo roba leche y se la lleva a escondidas; hay un cordero que van a comer mañana que es la Fiesta y Mateo no quiere que lo maten y llora. Pero no es un cordero, es el propio Kaiser, pero por qué. Y él, Kaiser, es ahora un pájaro con el ala rota que Mateo cuida, pero que agoniza porque no quiere comer.

Mateo ata el peso a un extremo de la cuerda y enrolla el otro extremo al cuello de Kaiser. Hace luego varios nudos y lleva el perro en brazos hasta el borde del muelle.

El agua está sumida en la oscuridad.

—Adiós, Kaiser —dice.

Y arrojó el perro al mar.

(Seis)

Qué pasa, qué pasa, pregunta sobresaltado.

Benilde deja de golpear la puerta. Don Andrés, repite, y luego, ¿sabe qué hora es?

Andrés Choz tantea la mesilla en busca del reloj.

Son las doce, dice Benilde. Jesús, me tenía usted preocupada.

Es que me acosté tarde, aduce él, me he quedado dormido.

No se preocupe, dice Benilde, ya me quedo tranquila; ahora tengo que salir, duerma usted lo que sea.

Qué va, exclama Andrés Choz, si ya me levanto, en cinco minutos ya puede hacer esto. Pero los pasos de ella se alejan y al cabo se cierra la puerta de la calle.

Sin duda se ha ido. Andrés Choz cierra los ojos. Hoy he dormido bien, ahora arriba, pero cuando los abre otra vez han transcurrido quince minutos más porque le atrapó la modorra y se levanta, abre la ventana, el día es soleado, al final del camino, cerca de la senda que baja hacia la playa, Benilde se aleja con su pausado caminar.

Observa con curiosidad al nieto del Pesetín con esos pelos y esas barbas, la chica lleva pantalones y Manolo el de Chana, que va con ellos, le saluda.

Ella se ha detenido: Mi cuñado está muy mal el pobre, dice, allá voy ahora, ¿y tú?

Manolo, que lleva una pértiga al hombro, hace un gesto, a ver si se pesca algo.

Ya, responde ella y les mira, y luego: bueno, adiós, y les sigue mirando, mientras se alejan hablando entre ellos.

De pronto la chica se vuelve. ¿Así que don Andrés vive en su casa?

Ella: ¿Don Andrés Choz?, y afirma: sí.

Y la chica: déle recuerdos de parte de Teresa.

Con lo que, cuando reemprende el camino, Benilde se pregunta qué tendrá que ver la chica con don Andrés

que está terminando de afeitarse y piensa en Asunción:

Sola en el pueblo, porque ahora lo mejor es olvidarse de Mateo un rato, además ese final con Mateo tirando el perro al agua no está mal, claro que la soledad de Asunción vista desde la perspectiva del perro va a ser un rollo a la hora de escribirlo.

Y ahora terminó, se secó, se pasa luego el peine y se encuentra buen aspecto, hace una mueca, eres un viejo verde, deberías avergonzarte.

Ella se ha sentado en lo alto de la peña y observa su trajín: el pescador introduce el palo con el garfio bajo la roca y lo saca bruscamente. Ahora arrastra al exterior una masa que se retuerce. Luego agarra al pulpo, lo desprende del garfio y lo arroja con fuerza contra la roca. Lo coge de nuevo y lo golpea un rato en la peña. Al fin lo vacía de sus entrañas.

Toca, le dice, toca, y ella posa un dedo cuidadoso sobre un tentáculo que todavía conserva una partícula de vida, un resto de fuerza.

Luego los dos hombres se sientan y Manolo lía un cigarrillo.

Los pulpos son muy tímidos, dice, todo les asusta, permanecen acurrucados a la puerta de sus casitas, cuando la mar está alta se les puede ver allí desde la lancha, esperando la presa: comen de todo, su cueva se descubre también por las conchas amontonadas a la entrada, y señala un gran charco delante de ellos, ese que se ve ahí, esa poza, ahí puede haber un pulpo, ahora veremos, y se remanga más los pantalones, se sienta al borde del charco profundo, la sandalia de goma y la pantorrilla resaltan contra el fondo oscuro.

Y quedan los tres en silencio, como hipnotizados por el miembro blanquecino, pero Teresa separa al fin la vista y observa el acantilado, asoma el pico de algún tejado, cuál será la casa de Andrés Choz.

Se ha sentado y escribe rápidamente.

Querido Gordo, mándame algo de ropa, pídele las llaves al portero, pantalones y camisas de verano, dos creo que hay, una chaqueta de lana roja, los mocasines, todos los calzoncillos que encuentres, resulta que vine con lo puesto, pañuelos, todo está en mi cuarto, y una cazadora que estará colgada seguramente en el armario de la entrada.

Y al terminar la carta la dobla de inmediato, la guarda en el sobre, mira otra vez el paisaje lleno de sol, alguna nube menuda atraviesa el cielo, la mar estará algo picada, a dónde se habrá ido Benilde.

Pero ya vuelve: está en las últimas el marido de su hermana, ay Dios, un hombre fuerte como un roble y acabar así.

Cuando llega a la puerta respira hondo, sube luego la escalera; don Andrés, don Andrés; pase, pase; entra y se lo cuenta.

Pero váyase usted, mujer, vuelva, usted tiene que estar con sus hermanos, estaría bueno.

Ella: le preparo la comida y le hago el cuarto y me voy otra vez allí.

Pero qué dice, dice él, usted se va ya y ya comeré yo. Bajo al pueblo. Ya me las arreglaré.

Faltaría más, don Andrés.

Y no hay forma de convencerla, así que se va a la cocina y al poco ya resuena la fritura.

De no haber comido aquí, piensa Andrés Choz, podría haber ido a comer con esa chica, pero con qué cara.

Ella mueve la cabeza al escuchar la exclamación: ya sale.

Efectivamente, desde la aterciopelada penumbra, de entre las pequeñas algas, junto a una anémona que mueve casi imperceptiblemente sus mil brazuelos, ha llegado hasta el pie del pescador un tentáculo y palpa la sandalia como reconociendo la presa. Y luego otro tentáculo, y otro más.

Nunca todos, musita Manolo en su jadeante expectación, siempre queda agarrado atrás con uno como poco, pero ya verás. Y súbitamente introduce los brazos en el agua, forcejea, cómo se agarra el mamón, y al fin lo saca.

El bicho enrosca sus tentáculos en el fornido antebrazo, y el hombre con gesto brusco arroja al pequeño animal y frustrando su inmediato intento de huida sujeta su cuerpo y repite el rito de los sañudos latigazos con el animal en la piedra.

Horrible, dice Teresa, pobre bicho.

Calla, dice Armando, ya te lo comerás.

Ella comprende que tanto en él como en el pescador hay una clara concupiscencia frente a la agonía del pulpo, que ya inerte desparrama sus tentáculos por la humedad de la roca.

El pulpo es un animal tan extraño, dice Armando, parece un alienígena, deberías decírselo a tu amigo y a lo mejor lo aprovechaba en su novela.

Y después de escribir la dirección en el sobre, hojea los folios, duda otra vez del orden definitivo de los capítulos que lleva, pero ahora a meterse con Asunción sola en el pueblo. Y tras poner arriba

CAPÍTULO QUINTO

tiene una inspiración, porque así funciona eso a veces, y empieza con el perro, en tercera persona:

«Recorrió otra vez los lugares que conociera al acompañar la huida de Mateo. Había abandonado la figura de can y era solamente un girón blanquecino.»

Y piensa: esto puede valer, un girón como de niebla o humo, es una imagen que remacha la ambigüedad corporal del personaje, su escasez física.

Benilde grita desde abajo: ya tiene la comida.

Andrés Choz musita: al fin, porque tiene hambre, este clima me ha abierto el apetito, y baja y dice:

Pero márchese usted, mujer, no se preocupe más de mí, ya sabe que si puedo ayudar en algo...

Ella, llorosa, sirve y recoge, viene y va, muchas gracias, don Andrés, Jesús qué tragedia, tan joven, a los cincuenta y nueve años, en la flor.

Luego le da recuerdos de una chica morena que vive con el nieto del Pesetín, así serán los novios de ahora, y que bajaban con Manolo el de Chana, que es pescador, hacia la playa.

¿Teresa?

Y ella: sí señor, así me dijo que se llamaba.

Les contempla afanarse por entre los peñascos, siguiendo su encarnizada búsqueda, observa luego un charquito breve, sonríe al recordar a Andrés Choz en sus descripciones entusiasmadas, hoy sí pescarías, pasa las manos por entre los pequeños mejillones, junto a varios erizos, un pez diminuto escapa rápido, hay un cangrejillo, o son dos, los toma con cuidado, los mira con mayor atención y descubre que están enlazados en amorosa coyunda.

Observa su abrazo, el aparato del supuesto macho inserto en su semejante femenino, los animales no se desprenden, cuál será ahora su sensación, ella los suelta de nuevo y el macho patrocina la huida hacia la breve espesura de unas algas de color violeta.

Cómo se amarán los pulpos, piensa. Y recuerda con fastidio la vuelta de Armando en la madrugada, oliendo a pescado, su expeditivo aunque cariñoso despiértate, mujer, recibe al triunfador.

Vamos, qué urgencias, pero ahora no, dijo ella, no tengo ganas ahora.

Vamos, cariño, decía él divertido y ella se dejó utilizar sin ningún entusiasmo.

Me haces daño, respondió ella, cuidado, pero él terminó en seguida y luego: estoy molido.

Qué hombre. Y es de los mejores. Acaso la edad es lo único que puede darles esa ternura de Andrés Choz, también ayer noche el pobre, palpando tu cuerpo con aquel temblor religioso, y aquella dulzura especial en la voz y en el gesto que no es la simple cachondez, gente que sufrió mucho, hombres de verdad.

Es una pena que hombres así se mueran, don Andrés, dice Benilde, y luego se despide.

Esta noche no cenaré aquí, dice él, y ella: no lo haga por mí, pero se lo agradezco. Y él: ya sabe que me gusta andar picoteando por ahí, hala, mujer, resignación.

Y ya se va, se ha ido. Andrés Choz enciende un cigarrillo, el último, mira el reflejo de la luz del sol en el péndulo columpiándose en la pared, piensa en la muchacha que le mandó recuerdos y en esta lasitud de sobremesa prende el ardor inmortal, recuerda su juvenil calor, su suave tacto.

Déjate de historias y a trabajar, Andrés, y sube a la habitación y se sienta a la mesa así, sin un café, contra reloj, como un estudiante, como el Armando ese que levanta la cabeza y le pregunta ¿qué? y ella: que si nos vamos, que ya es tarde.

¿No te bañaste?, pregunta él.

Hoy no, me da frío, anda, que estoy destemplada, ¿cuántos lleváis?

Sólo tres, nosotros con uno ya tenemos, le dice al pescador. Pero aquél: uno yo, tú te llevas los otros dos, son poca cosa. Y discuten un rato hasta que al final Armando tiene que quedarse con la mayor parte.

Luego reemprenden el regreso: el sol del mediodía restalla contra las zarzas y en lo alto de la cuesta se cruzan otra vez con Benilde.

Manolo le pregunta por su cuñado.

Mal, muy mal, dice ella, ahora vuelvo a su casa.

Y luego, pero siempre llorosa, a Teresa: señorita, ya le di sus recuerdos a don Andrés.

Veamos, musita, qué diablos haces tú sola, ¿el padre muerto? ¿mejor bobo? ¿bobo del golpe? ¿un pretendiente?

Imagina otra vez a Asunción por los paisajes de su propia niñez: el montón de carbonilla en la ladera, abajo el río, alguien tiene un mochuelo atado por una pata, el bicho intenta

125

huir, sería esta hora, el sol hacía relumbrar las hojas del nogal, pero debajo la sombra tenía un volumen que si cierras los ojos puedes casi sentir otra vez, y el mochuelo trabado en una rama aletea inútilmente cabeza abajo.

Bueno, piensa, un novio; no le viene mal un novio a Asunción tan sola, pero no un minero, estaría bien uno del cuartelillo, cómo se llamaba aquel tan alto, tan seco, el que les quitó el mochuelo, bajó y dijo: qué malos instintos; yo qué sé, alguien totalmente distinto de Mateo, es más expresivo.

Y luego, al hilo de la narración fueron apareciendo nuevos elementos.

Estás derivando hacia el realismo más bercero, mon ami, habrá que retocarlo. ¿Un pormenor acaso de las relaciones entre Asunción y el nuevo galán? Pero no, aunque no vendría mal señalar que en Asunción sigue pujante el saludable instinto generador, porque así es la vida, qué carajo, y lo demás pura literatura, aunque un café me hubiera venido al pelo y a lo tonto a lo tonto llevo en el tajo hora y media.

Armando bebe el café de un golpe y dice: yo dormiría una siesta.

Se oye el rumor del puchero en que cuecen los pulpos.

Sobre la quietud de la huerta reverbera el sol. Una mariposa atraviesa el vano del portalón.

¿No vienes?, y Teresa: no, pero ve que los ojos de él están fijos en sus piernas y las cruza.

Él miraba el suave vello de los muslos de ella iluminado por el sol; vamos, venga, mujer.

Pero Teresa quiere quedarse aquí, en la tumbona, entre esta paz soleada y húmeda.

Ahora atraviesa el vano una gallina seguida de su prole amarilla y piadora y él se ha levantado y extiende sus brazos hasta Teresa.

Que no voy, Armando, déjame, y él se aparta y le dice: como quieras, y piensa: está un poco rara hoy, y añade: yo sí me voy a echar un rato.

¿Y el nuevo pretendiente?

Metido al fin en trances eróticos, su esquema de comportamiento resulta tratado con sectarismo, la verdad:

> «su goce se mezclaba a una imprecisa aflicción de culpa hasta que, tras la súbita contracción, le envolvía el sentimiento de haber cometido una falta. Y así se separaba de Asunción más con rencor que con cariño, hasta que el recuerdo de aquellos embelesos aceleraba su respiración y le hacía recuperar, casi a su pesar, los amorosos sentires».

Facilón. Si no fuera guardia civil, todavía; pero esa mala conciencia es una simplificación excesiva; el lector bueno, que aún queda alguno, torcerá el morro; además, no hay que prejuzgar los sentimientos del tipo por Asunción, son novios y en paz, estarán enamorados, así que nada, se quita toda alusión al asunto. Y relee y corrige, tacha.

De todas maneras, lo más dudoso sigue siendo lo de la huelga, por más retoques.

Pero el silencio está acribillado de pequeños sonidos sin misterio: el piar de los polluelos, un transistor, una motocicleta, mientras él sin duda duerme ya.

Ahora con este calor un paseo no apetece y sin embargo Teresa se levanta, zurea una paloma allá arriba, un paseo para bajar la comida, este sol no es el del Mediterráneo.

Pero no duerme, la llama: Teresa, y ella no contesta.

Teresa.

Ella decide dar el paseo, por qué no visitar al escritor en su cubil. Y la gallina (co co co) reprueba su tránsito súbito que asustó a los diminutos vástagos.

Teresa.

CAPÍTULO QUINTO

Había abandonado la figura de can y era solamente un girón blanquecino, como de niebla o humo, que ninguna mirada hubiera conseguido descifrar.

Dejó atrás los senderos, las moradas, los cultivos, y se internó en las espesuras montaraces, en la maraña entretejida bajo las frondas apretadas, fácil sólo para la andadura del raposo.

Buscaba un rincón lejano: encontró las angosturas de un barranco, allí donde la presencia de lo humano se adivinaba escasa, y se enroscó en un recoveco de la piedra.

Inició entonces una meticulosa verificación de su propia conciencia, descubriendo las heridas y los desgarros: estaba inmerso en un ánimo amargo y melancólico, muy lejos de aquella bonanza que lo envolviera en el seno de la Máquina.

Era necesario un profundo reposo cicatriz, un sueño largo, mantener definitivamente el alejamiento del torbellino humano, no implicarse ya más en su bullicio doloroso. Era necesaria extensa soledad: al cabo llegarán los

Hermanos, serás rescatado, la experiencia infausta habrá quedado para siempre atrás.

Así esbozaba, intentaba tejer la quietud en que debía arroparse como una crisálida en su estuche.

Pero dentro de él se mantenían encendidos los gestos de Asunción atareada en la pasividad de su destino doméstico, la familiaridad de las callejuelas diariamente recorridas, se iluminaban las imágenes de los compañeros liando un cigarro al salir del trabajo, de los niños corriendo en la era, percutían los esquilones marcando el paso del anochecer.

Allí permanecía aquella inquietud y, frente a los argumentos y valladares de su razón, se alzaban lucubraciones extrañas y una noción insólita del tiempo que dificultaba su abstracción: porque hasta la hora del rescate debe transcurrir un lapso inmenso en el devenir del planeta y los escasos momentos que supondría la espera en el espacio, dentro de la Máquina, se convertirán aquí en la vida de centenares de Mateos sucesivos debatiéndose en su gozo y en su tristeza.

Y cómo mantenerse entre la soledad de la naturaleza inconsciente mientras sabes tan cercana aquella turbulencia.

De modo que Kaiser volvió al pueblo.

Sentado en el poyo de la puerta, con las manos agarradas a la cacha, el padre de Asunción lo miró sin reconocerlo.

El padre de Asunción no había muerto, pero arrastraba un miserable pasar, más de cosa que de hombre.

El perro ladró y Asunción se asomó a la puerta.

—Qué haces tú aquí, dijo.

Despertaron en ella memorias aletargadas.

—Dónde te metiste.

El padre, sacudiéndose un momento en su oscuridad, alzó la cacha débilmente, masculló una frase ininteligible.

Asunción tomó al perro en brazos. Latía en ella afecto por el animal al socaire de una nostalgia dolorida. La muchacha había expulsado de su sentir la antigua imagen de Mateo, y ahora un Mateo hosco y huidizo merodeaba por sus recuerdos con la apariencia sombría del asesino de cantar de ciego, en una traza que se fuera dibujando a lo largo del penoso servicio al impedido y de la oficiosa conmiseración vecinal.

—Pobre Kaiser, qué culpa tendrás tú.

El Hermano Ons se sintió invadido por una alegría inesperada y se apretó contra ella, lanzando un ladrido breve.

Por estas fechas reverdece la vida vegetal, se alargan las horas de luz, en el aire hay un perfume de pastos y de flores que atempera las hurañas inquietudes de los bípedos. Son días propicios para dulces encuentros, para tibia lasitud.

Luego llegarán las jornadas del estío, los mediodías en que la luz del sol derrama su más ancho esplendor sobre las peñas y las briznas, cuando los pájaros buscan el resguardo verde de los castaños, el plateado susurro de los álamos. Son días de recolección y de siestas, de juegos en el agua, de largos paliques en la frescura del anochecer, días hermosos también para los insectos y para las bestias.

En las tardes de este verano, Asunción y un hombre que no se parece a Mateo pasean y charlan largos ratos: el hombre la acompaña hasta su casa, se despide con saludos ceremoniosos. En la Virgen de Agosto está a su lado durante toda la fiesta. La desolada figura del fugitivo va difuminándose cada vez más en el recuerdo de la muchacha y queda sólo como un dolor ocasional cuyo golpe va acostumbrándose a prevenir con una voluntad automática de olvido.

Pero los primeros soplos fríos dorarán las hojas, embarullarán el polvo de las sendas, otra vez el cielo se cubrirá de nubes y, de nuevo más cortas las horas de luz, después del trabajo buscarán las gentes el arrimo del fuego, mientras se deshojan los árboles amarillos, vienen las noches con temblor de helada, se aquieta la vida animal, ya muchos pájaros se han ido.

Durante aquel invierno fue madurando en el pueblo una emoción oscura: después de Año Nuevo hubo noticias de sublevaciones en la cuenca y los hombres de la mina andaban agitados. El galán de Asunción llevaba su uniforme y su arma con recelo.

Un lunes, los mineros se negaron a salir: se manifestaban solidarios con las peticiones de los lejanos compañeros, estaban pletóricos de una emoción fraternal auspiciada por relatos ejemplares y papeles con arengas que se leían a la luz de los carburos, entre la expectación apasionada.

—Si no quieren salir, que se queden ahí, ordenó el hombre de la Compañía.

Y fueron pasando los días. Abajo, el hambre y la humillación acorazaban a los huelguistas en una piel nueva de odio. A ese poderoso latido se unía la rabia de las mujeres que esperaban fuera, cerca del ascensor bloqueado, afrentando con sus voces la vigilancia de los guardias.

—Hijos de mala madre, en un pozo os veáis algún día.

—En un pozo de culebras y alacranes.

—Así os acosen como al lobo, caínes.

Algunas habían llevado a los hijos pequeños, que lloraban asustados.

—Ha de castigaros Dios.

—En los infiernos estaréis, verdugos.

—Verdugos de los pobres.

—Así vuestros hijos sufran, desalmados.

El galán de Asunción se quitó el tricornio y pasó la mano por su frente, donde goteaba un sudor impropio del día, un sudor que se hubiera confundido con nieve de la ventisca.

Y aquellos días Kaiser, tumbado en la cocina de la casa de Asunción, intentaba apartarse de los enconados afanes, recuperar alguna quietud contemplativa: pero la paz de los muebles y de los cacharros era destruida por los sentimientos de la propia Asunción, en los que se reflejaba y se repetía el ánimo desgarrado de todo el pueblo.

Ahora hierve el agua del puchero. Ella miga el pan en los cacharros y el fuego del hogar deshace sus relumbres contra las paredes ahumadas y la alacena, contra la figura del padre, insinuando incendios misteriosos.

Cuando Asunción calaba la sopa entró el hombre y en sus ojos restalló también la lumbre del hogar. Se quitó el tricornio y lo dejó sobre la mesa; apoyó el arma en la pared.

Asunción observaba sus gestos, encontrando en los rabillos de los ojos del hombre raspaduras de cansancio y de miedo.

—No te preocupes, murmuró él, no va a pasar nada.

Asunción se acercó y le agarró de un brazo.

—Pero no les vais a dejar allí abajo.

—Así reventasen.

—Pero no les vais a dejar allí abajo.

Él se encogió de hombros, apartando la mirada.

—A mí me mandan.

Ella se acercó al padre con uno de los tazones, empujó una silla para acomodarse en ella, comenzó a llevar las sopas hasta la boca del viejo.

—Tenéis que dejarlos salir.

Por fin los dejaron salir.

El hombre de la Compañía pasaba revista al grupo famélico y desharrapado al que rodeaban los guardias exultantes, deseosos de pronto de beber un buen trago, de cantar y reír, aunque su gesto exterior afirmaba el rictus hosco de la autoridad satisfecha y prevaleciente.

El hombre de la Compañía miraba a cada uno de los mineros con minuciosidad y para cada uno tenía una palabra:

—Tú ya puedes buscarte los garbanzos en otro barrio. Y tú. Y tú. Tú quieto, sujetadme a éste, vamos a hablar luego un rato éste y yo.

Cuando todos hubieron salido, la excitación de los hombres uniformados se había convertido en una serenidad densa: aquella noche dormirían tranquilamente.

Las jornadas de la huelga fueron decisivas para anudar las relaciones entre el guardia y Asunción.

Desaparecida la angustia de aquellos días, sus cuerpos maduraron a una confianza nueva y buscaron para sus citas el arrimo protector de las oscuridades.

Y otra vez los soles cada vez más largos, las hojas que rebrotan, los pájaros que vuelven.

Asunción y el guardia se casaron mediada la primavera. Y cuando el estío, Asunción esperaba un hijo.

(Siete)

SE LE OYE TRASTEAR, habrá cenado ya y estará preparándose un café, Teresa se arrebuja en las ropas de la cama.

Me encuentro medio mal, le había dicho, no quiero cenar nada, mejor me acuesto.

Pero toma algo, mujer, algo ligero, decía él.

—No, de verdad, no tengo apetito ninguno.

Él la miró con afecto, pero se le veía con ganas de ponerse a trabajar, alguna idea sin duda.

—Vale, acuéstate si quieres, yo voy a darle a la tesis un rato.

Imagina ahora sus precisos movimientos: admira en él la economía de los gestos. Parece que sus ademanes están perfectamente sincronizados con sus pensamientos y que cualquier titubeo de su parte es imposible: habrá rellenado el depósito del agua justo hasta la válvula, con tres cucharaditas el del café, contemplará ahora la cafetera sobre el hornillo mientras llena la pipa.

El silbido confirma la suposición: lo verterá en la taza y luego echará el azúcar y removerá con meneo parsimonioso de cucharilla. Encenderá ahora la pipa, hojeará las fichas. Quizá se ponga a escribir ya.

Pero no: se ha encendido la luz y entra en la habitación llevando en un plato una taza humeante.

—Hala, mujer, toma un café con leche siquiera.

Ella se sienta.

—Habrás cogido frío.

Ella sopla, está muy caliente, lo revuelve un rato más, no, será que le está bajando, luego bebe y le devuelve los cacharros.

—Gracias, Armando.

Yo es que estoy en forma, dice él, y como llevo tanto retraso.

—No te preocupes, de verdad.

—Si necesitas algo no tienes más que llamarme. Ya lo sabes.

—Ya lo sé, Armando, gracias.

Él toca sus mejillas, su frente.

—Fiebre no parece que tengas, a ver si fue el baño de ayer, que saliste tiritando.

Vuelve la espalda ya, apaga, suenan sus pisadas alejándose.

Ahora dejará los cacharros en el fregadero, se sentará de nuevo ante la gran mesa de pino: no olía a tabaco, de modo que encenderá por fin la pipa, dará grandes chupadas que lo llenarán todo en seguida de humo blanco, denso, oloroso.

CONFORME SE ACERCABA A LA CASA se fue afirmando el sonido del tecleo: provenía al parecer de una habitación del piso alto: un reflejo de nubes en los cristales de la ventana abierta.

Había un banco adosado a la pared y se sentó, encendió un cigarrillo.

A sus espaldas trepa una buganvilla, a un lado ha crecido un voluminoso matojo de margaritas.

Contempló la perspectiva del pueblo, ancha desde allí arriba, pero la playa está oculta por el acantilado, sería imposible ver desde ella el tejado de esta casa. Sólo muy lejos, entre dos colinas, el rastro azul oscuro de la mar.

Señorita, dijo Andrés Choz.

Teresa miró arriba: no había percibido la interrupción del tecleo. Asomaba la noble cabeza, el rostro sonriente.

—¿Qué haces por aquí?

Se puso de pie.

—¿Cómo me viste?

—Soy de natural ventanero, pero en este caso fue el olor; estoy sin tabaco.

Ella se sacudía la falda, se burló:

—Hay que ser más constante, abstraerse del mundo exterior.

Él sonreía sin decir nada.

—Sigue trabajando, en realidad daba un paseo de sobremesa.

Me había propuesto no fumar más hoy y de pronto me llega el aroma, dijo entonces Andrés Choz; eres el demonio tradicional que trae su tentación al retirado eremitorio.

—Eso nunca, me voy, te dejo con tu máquina.

¿No quieres conocer mi santuario?, añadía él, implorante. ¿Las reliquias de don Manuel Ocerín? ¿Ni siquiera me das un pitillo?

Sería muy cruel, ya lo creo, respondió Teresa, y alzó en la mano la cajetilla; baja, anda.

Pero él, hace opaca la voz, desorbita la mirada:

—Como en la famosa fábula, la puerta no está cerrada con llave: entra y echa un vistazo mientras termino el párrafo.

Ella guardaba silencio.

La pobre Benilde ha tenido que irse a casa de su hermana porque su cuñado está muy mal, añadió entonces Andrés Choz.

—Ah, ya.

—Café no, pero una copa sí puedo darte.

Vale, tú trabaja, veré la casa, dijo y rodeó luego el edificio hasta la puerta, la empujó.

La luz de la tarde brillaba en el pasamanos, inundaba el zaguán con serenidad de siesta: así la casa de la abuela en los veranos de la niñez. Y un cromo de Las Hilanderas que tiene el tamaño y el marco verdoso y dorado de unos Golfillos comiendo melón, al pronto localizados también entre la memoria de aquella otra casa.

Resonaba la máquina de Andrés Choz con eco algo fantasmal.

Una puerta entreabierta dejaba ver las sombras de una sala: pese a la rigurosa interposición de gruesos cortinones, el sol cortaba la penumbra en largas tajadas, haciendo evidente el aleteo impalpable del polvo. Se sobresaltó ante un movimiento en la pared: pero son sus propios pies en el gran espejo, muy inclinado hacia adelante, reflejando en su bruma de plata una perspectiva imposible que amenaza el equilibrio de los muebles reflejados .

Pero tras la cortina rompió a cantar un jilguero y ella salió y comenzó a subir las escaleras.

Se detuvo otra vez el ruido de la máquina y Andrés Choz abrió la puerta de su habitación.

—Bienvenida.

Los chorros del oro, comentó ella, y pasó, alargándole la cajetilla.

Espera, dijo él, bajo por unas copas.

Teresa escudriñó la habitación: los muebles robustos, en la amplitud de la estancia, presentaban también un talante familiar y apaciguador.

Whisky de contrabando, dijo Andrés Choz al volver, probablemente falsificado.

Y se sentaron en la cama: el hielo tintineaba, crujió el somier.

DESPUÉS DE LO SUCEDIDO, cómo contemplar la cariñosa atención de Armando, escuchar este silencio en que le sabe afanoso sobre las cuartillas, imaginarlo rodeado por el humo de sus bocanadas, tarareando una melodía más o menos sinfónica.

Se siente avergonzada.

Y sin embargo, un impulso de otra condición la incita a vestirse otra vez, a buscar la casa de Andrés Choz, a meterse de nuevo en su gran cama y dormir entre sus brazos de amable patriarca.

Pero sabe que no cederá a tal impulso, porque la distancia entre ambos supone ahora senderos invisibles y noche, y en esta oscuridad los sentimientos son dominados por la propia inercia física.

Además, por debajo de la atracción se mantiene una extrañeza que es incapaz de desembrollar y una nube de pensamientos contradictorios vela la posibilidad de que lo sucedido entre ella y Andrés esta tarde y el resultado del suceso en lo que se refiere a ella y Armando pueda ser iluminado claramente: sólo queda claro el impulso que la empuja hacia Andrés Choz y que está teñido de esa nostalgia suscitada al evocar la casa de la abuela, embadurnado acaso de un color vergonzante y que, sin embargo, no es sino deseo de darse, como si todo antes hubiera sido sólo un juego adolescente y ahora tuviera por vez primera un tono adulto.

Y así piensa mientras a un nivel más profundo una voz parece susurrarle: duerme, duerme, mañana será otro día.

ANDRÉS CHOZ TAMBIÉN SE ACOSTÓ PRONTO. Y como a la placidez del día ha sucedido una noche clara, contempla desde el lecho las estrellas: moviendo la cabeza hasta un extremo de la almohada cabe la Osa Mayor entera en el marco de la ventana, y en esa posición capta un ligero rastro perfumado. Sin duda la colonia de Teresa dejó allí su recuerdo.

El olor forma parte de toda la paz dichosa con que ha envuelto su cuerpo el contacto con la carne joven, y la imagen del placentero encuentro permanece indeleble, porque no hay imágenes más persistentes que las acuñadas en el avatar amoroso.

Una excitación sosegada preside sus pensamientos. Y evoca aquellos momentos de la mocedad en que el recuerdo de un contacto erótico, por insignificante que fuera, era reproducido cotidianamente en trances onanistas: los juegos con la prima Dolores en los breves días de un lejanísimo verano ocuparon durante años el altar de los sacrificios solitarios, el ara iluminada a fuerza de cerrar los ojos y exasperar la nada renuente disposición.

Ahora se ha levantado una brisa ligera que hace bambolearse los cristalillos de la lámpara y Andrés Choz cierra la ventana: contempla la placidez nocturna del paisaje, el intermitente resplandor del faro.

Como en los días de los amores púberes, iniciados casi obligadamente al resguardo de noches claras en que es posible la fiesta en campo abierto, los escondites vegetales, las exploraciones por sendas alejadas, esta noche es benigna y celestina.

Y la consideración de Teresa, acurrucada en el lecho con las mejillas arreboladas y los ojos adormecidos, la memoria de su cuerpo cálido e íntimo, la renovada constatación de lo sucedido entre ambos esta tarde, le llenan de esa serenidad absoluta que sólo se desvela en la comunión de los cuerpos, en los instantes del amor cumplido.

Cuando vuelve a la cama, ninguna turbación inquieta su ánimo. Hacía mucho tiempo que no le mece semejante quietud, y se queda dormido a los pocos momentos.

PERO ELLA DESPIERTA. Tarda en comprender el ruido persistente: una contra mal sujeta que golpea, pues se ha levantado algo de viento.

Enciende la luz y comprueba que ya es tarde, pero la otra cama está vacía.

Apaga otra vez. Ahora las escenas de la tarde pierden su condición de simples hechos y se transforman en un aluvión de significaciones.

Todavía siente el tacto del frenesí ávido de Andrés Choz, pero también de su acariciar minucioso. Y el cielo refulgente de la tarde, cuando ella abrió los ojos, parece reproducir su brillo en esta oscuridad.

Ahora la imaginación de Andrés Choz y de ella entrelazados suscita inevitablemente la de Armando con la taza humeante, la de Armando ahora mismo mordisqueando acaso el extremo del bolígrafo.

Entonces enciende otra vez y tras una larga pausa, cuando la mancha de humedad es decididamente un pato, se levanta, se calza, sale hacia la cocina.

Él está sumergido en la lectura de un texto: la luz del flexo hace naufragar su perfil en el fregadero.

Teresa lo contempla y al fin le llama:

—Armando.

Él se vuelve: qué pasa. Se levanta con cierta inquietud en la voz. ¿Te encuentras mal?

No, dice ella, es que tengo que hablar contigo.

Se sentó en la otra silla, encendió un cigarrillo y comenzó a contárselo.

Al principio se marcó la sorpresa en el rostro de Armando, luego se puso a garabatear en un papel, con la otra mano apoyada en la cabeza.

La miraba intermitentemente con ojos abstraídos, en un ademán un poco lejano que reprodujo rudamente en ella la dentellada de la mala conciencia: eran los ojos de su propia madre diciéndole suavemente: siempre serás una imbécil, hija mía, mientras ella intentaba dominar las lágrimas; hija, lo tuyo no es normal. Esto cuando la atadura familiar era todavía un problema para ella, un problema grave, cuando rompió sus relaciones con Juan Carlos: ya tenía piso, el tresillo, el dormitorio, habían merendado allí jamón de york y unos tocinillos que compraran en la confitería de abajo, resonaban sus voces en las habitaciones vacías, aquí una reproducción de Van Gogh, decía Juan Carlos en el pequeño vestíbulo, y encima de la cama ya veremos, toma otro tocinillo, vida mía, estaba verdaderamente excitado, la besaba a menudo, le metió algo de mano pero se puso lírico en el cuarto de los niños, cuando sean, claro (sonrisa), tan indefensos, y algún lugar para instalar un laboratorio fotográfico, aunque cosa de aficionado, como es natural, cualquier armario, mientras ella buscaba con la mirada un sitio donde arrojar la colilla para no quemar el parqué.

Y en los gestos de su madre un aire patético de desencanto: que ya no le quieres, a buenas horas, eso se piensa antes, menudo disgusto.

Pero en Armando no hay esa tristeza: palmea la mano de ella, se levanta.

—Tranquila, Tere.

Porque a ella, estúpida, se le quiebra la voz. Y aborrece esa serenidad de él tan precisa, tan elegante, esa calma que le permite cargar otra vez la pipa y encenderla con pulso aparentemente seguro y disfrutar de la primera bocanada.

Bueno, dice Armando, es inesperado de verdad, una explosión de loco amor.

Ella apoya la cabeza en los brazos, cruzados sobre la mesa. Armando extiende una mano y rasca la cabeza de ella.

—Venga, mujer, son cosas que pasan.

Ella de pronto agradece intensamente ese sosiego que antes aborreció y le echa los brazos al cuello, está a punto de llorar.

—Estoy muy confusa.

Mira, dice él, acuéstate otra vez, estás nerviosa, mañana charlaremos con calma.

Teresa se limpia los ojos con el dorso de la mano: sí, dice, mañana charlaremos, gracias, y perdóname.

AHORA QUE SE HA QUEDADO SOLO rellena otra vez la cafetera y mientras espera que se haga el café se reconoce bastante aturdido por la insólita declaración de la muchacha.

Por un momento le ha tentado la sugestión del viejo cliché sobre la fragilidad femenina, el desequilibrio de los sentimientos mujeriles, y la tentación arrecia a la luz de los tópicos de Sigmundo el Misógino. Pero no, pero fuera, aunque en todo caso le invade un profundo desaliento.

Porque él quiere a esta muchacha pensativa y ciclotímica, últimamente todo iba tan bien, asentado en bases más firmes, ella satisfecha del nuevo trabajo, se la veía mucho más contenta, ya sin aquellas murrias que le asaltaban y en las que parecía que iba a desmenuzarse como un montón de polvo.

Se pone el suéter y sale de la casa: ya el cielo nocturno está cubierto de nubes. Fue extraño el soleado bochorno. La brisa parece anunciar el retorno de la lluvia.

Se sienta en la tumbona y repasa toda la declaración, desde el primer conocimiento hasta la culminación de ayer.

Apenas recuerda el rostro del hombre, pero sí su aspecto general: y no cabe duda de que se trata de un viejo. Y si además es verdad que está condenado a muerte, qué tío, llorándole sus penas a las muchachas más o menos en flor, aunque ya se ve con qué intenciones. Pero todavía resulta menos comprensible la súbita inclinación de Teresa, a quien siempre pareció asustar cuanto se relaciona con la vejez y con la muerte.

Entonces se levanta, entra en la casa y apaga el gas, el café se hartó de hervir, y llega hasta la habitación a grandes zancadas.

No enciende la luz y se acerca a tientas, se inclina.

—Tere.

Teresa no dormía, le ha oído llegar.

—¿Qué quieres?

—Tere, no es más que lástima, piénsalo, y algo de masoquismo, otra cosa no tiene sentido.

Ella no contesta y él se sienta en la cama, busca una mano de ella, la aprieta.

—Además, no es sano, te va a dañar, debes racionalizarlo y cortar de inmediato.

Pero ella sacude la mano.

Déjame, dice, por favor.

Tras unos instantes, Armando se levanta, se descalza, se quita la ropa, entra en la otra cama.

Pobre Tere, dice, y ella repite: por favor.

CAPÍTULO SEXTO

La alcoba era muy pequeña, de modo que la gran cómoda en que la madre de Asunción había guardado su ajuar y en la que ella misma llevó al cuartel sus ropas de casada, hubo de quedar en la galería.

Fuera era invierno otra vez y Asunción se iba adaptando entre ascos y náuseas al proceso de la gestación.

En su nueva condición prevalecía sobre todo la dificultad de permanecer aislada: los trajines domésticos más sencillos debían compartirse con las demás mujeres y la vida cotidiana estaba acompasada en todo al ritmo de la disciplina cuartelera.

Estas novedades comenzaron a suscitar en Asunción un hosco malestar. Además, los guardias vivían otra vez en la prevención de nuevos desórdenes y las conversaciones con su marido se iban reduciendo a escasos comentarios sobre el devenir de los sucesos.

Ella iba cada día a cuidar a su padre y sus visitas, al principio breves, fueron dilatándose:

caminaba despacio, buscando los senderos más largos, demorándose en las soledades del campo.

Se quedaba quieta mirando el río henchido, peinado por las ramas peladas de las mimbreras, la bruma que envuelve a lo lejos los árboles del monte, las hierbas heladas, la escarcha que brilla como plata en los ramajes desnudos. Y cuando regresaba al Puesto y veía otra vez la cómoda puesta allí, al paso, empezaba a comprender que aquella era una vida provisional, en una casa también provisional, donde el descanso o el destino estaban amenazados sin cesar por el castañeteo del telégrafo.

Mientras tanto, del mismo modo que Asunción contemplaba el fluir del río con quietud abstraída, Kaiser se pasmaba ante el crecimiento pertinaz del embrión.

Primero las células se multiplicaron vertiginosamente; luego se esbozaron ya los contornos en un borroso esquema que se afirmaba sin pausa; ahora latía el corazón y algunos movimientos sacudían intermitentemente la forma diminuta.

Asistía al rápido acontecer con expectación emocionada: debajo del puro desarrollo descubría claramente el esfuerzo de la especie por asegurar la supervivencia del descendiente. Una infinidad de experiencias y de conductas, cada una de ellas aprendida y afinada a lo largo de una infinidad de actores, determinaba con precisión absoluta la conformación del Heredero.

Asunción fue extrañando cada vez más aquellas gentes, empeñadas en afanes lejanos de los ritos labriegos. Sólo se sentía acompañada por la sumisa presencia del perro, y los días oscuros en que soplaba la ventisca por el valle ella lo ponía en su regazo y acariciaba suavemente la blanca piel mientras su mirada se perdía en las penumbras de la alcoba. Kaiser la calentaba, amansaba a veces su melancolía con un lametón.

Pero al Hermano Ons apenas le afectaba aquella melancolía: estaba también inmerso en el océano tibio, veía esparcirse como dentro de sí mismo las venas y los nervios, asistía en comunicación íntima a la rigurosa organización de los mecanismos del pensamiento, sentía como si a él mismo le fuesen creciendo todos aquellos miembros: las manos que sostendrían el alimento, la herramienta, el arma, que levantarían las paredes de las casas, que dibujarían en las paredes imágenes de casas o de manos, los pies que patearían los caminos jubilosos y los tristes caminos.

La languidez de Asunción suscitó murmuraciones. El grupo de familias del cuartel, aislado del resto de los habitantes del pueblo, vivía obligado a conductas unánimes o al menos solidarias. Aquellos deseos de soledad fueron considerados con una extrañeza inicial que iba derivando en hostilidad. Se atribuyó su desapego a un talante de señorita desdeñosa, y no faltó quien recordara sus amoríos con aquel revoltoso que desgraciara al padre.

Cuando el frío fue aflojando las garras y soplaron los primeros hálitos de la primavera alta, las demoras de Asunción en cada visita a su padre se hicieron más largas y comenzaron a ser comentadas con acritud: mediante aquellos alejamientos se apartaba de las tareas colectivas, exponía a su futuro hijo a los relentes y manifestaba muy poco aprecio por el hogar de su marido.

Él no tardó en percibir aquella actitud y aunque atribuía al embarazo una parte importante de la conducta de su mujer, decidió hablarle para exhortarla a una convivencia más cordial.

Aprovechó una patrulla mañanera. Mientras el compañero fumaba un cigarro sentado en el poyo de la casa, la buscó junto a su padre, pero no estaba allí: en la cocina fregaba unos cacharros la criada y el viejo permanecía en la cama, agitado, moviendo los ojos sin cesar, lanzando un gemido lloriqueante.

Salió al corral solitario. Las bestias mayores fueron vendidas cuando el matrimonio de Asunción hizo imposible su vigilancia y cuidado, y sólo unas gallinas animaban ahora el abandono general. Atravesó el portalón entreabierto y la buscó. Un brillo lejano, el del extraño perro, señaló su presencia entre unas sebes, a la orilla del río.

Estaba sentada sobre un tronco seco, resto de la última riada, ocultando en el rebujo de la toquilla su hermoso cuerpo: simulaba en la distancia el bulto de una anciana acurrucada.

Llegó hasta ella entre el rumor del capote y el tintineo de las hebillas, pero Asunción no le oía: su mirada flotaba sobre las aguas como otra brizna, otra espuma.

En aquella soledad que no rompía voz ni pájaro, él tuvo miedo de pronto de la inmovilidad de Asunción, porque le vino el eco cuitado de una imagen infantil: la de una loca que pedía por las casas y que se comieron los lobos.

Por fin se presentó ante ella y la hizo levantarse y regresar. La tomaba de un brazo porque la gravidez era ya avanzada, pero ella se soltaba, prefería andar sola.

Luego, en la casa del padre, comenzó a reprocharle su conducta, su desafección por las mujeres de los compañeros. Se hacía portavoz de los agravios cuarteleros, le recordaba su condición y su estado.

Asunción sufría mal aquellos reproches. Mientras estiraba las ropas de la cama del padre, ayudada por la criada silenciosa, imaginaba una vez más los corredores del Puesto con las comadres parlanchinas y los niños bulliciosos, comparaba este cuarto enorme con aquella alcoba donde apenas cabrá la cuna para lo que venga.

Al escuchar la retahíla varonil constataba los patrones inflexibles que irían determinando el tejido de las horas y de los días.

Entonces salió de su silencio y le gritó, la criada de su padre la miró asustada, le echó en cara la cómoda en el pasillo, la cocina comunal, la estrechez del corral, la perpetua tirantez que más parecía un estado de sitio, el rosario interminable de las guardias y de las patrullas.

El compañero se había levantado del poyo y se alejó, pero llegaba hasta él claramente el rumor de la pelea.

El esfuerzo hacía respirar trabajosamente a Asunción y el feto pateaba dentro de ella vigorosamente.

Aquella noche, su marido le recordó que pronto llegaría el traslado y podrían irse a un Tercio lejano, más tranquilo. Vivirían en un cuartel a las orillas del mar, en un clima templado, comerían pescado a menudo. Sólo el padre de ella era problema.

Ella le oyó luego dormir, le olía en la oscuridad, y deseó estar otra vez en su cama de soltera, y que no fuese invierno fuera sino verano, y mañana una Fiesta, y este hombre no hubiese venido nunca al pueblo.

Se dejó atrapar por las desazones y las amarguras que se agazapan en la negrura de la noche y permaneció despierta largo tiempo.

Pero la preñez llegaba a su término y con ella el Hermano Ons fue saliendo de su fascinación.

El proceso finalizaba y el endeble descendiente se preparaba para salir y seguir creciendo.

Era una hembra: y él imaginaba ya el siguiente proceso: la infancia, la mocedad, la entrega a otro varón, la fabricación de los hijos, la condición atribuida a su sexo, flanqueada continuamente por la viril vigilancia.

Recuperaba ahora la sensibilidad ante las penas de Asunción, que a partir de la discusión había asumido firmemente su aborrecimiento por aquella vida promiscua, manteniendo hacia las comadres una orgullosa indiferencia y hacia el marido una sombra de rencor.

Ahora hacía ostentación de sus ausencias. Y como vinieran unos días de insólito calor, estuvo alejada casi hasta la puesta del sol.

Los campos se cubrían de flores y los peces saltaban en el agua. Ya las cigüeñas habían vuelto y ella las contemplaba, lentas y, meticulosas, escarbando en busca de alimento.

Por fin llegaron los dolores del parto.

El médico no estaba en el pueblo, y en tanto se le buscaba vinieron a consolarla las otras mujeres del cuartel. Preparaban palanganas, paños, ropitas para el que iba a nacer.

Kaiser se alejó. Pero incluso desde lo alto del monte, el valle abajo y las casas borrosas, sentía los dolores de Asunción como llamaradas repentinas.

(Ocho)

El botones es algo bizco.

Gracias, chaval, dice Andrés Choz y le sonríe, le da el duro, pero inmediatamente comprueba que sólo ha traído un papel de carta.

—Pero sólo me traes un papel.

¿Quería más?, pregunta el muchacho.

—Claro, hombre, lo menos media docena, sobres nada más éste, pero papeles más. Anda, majo, hazme el favor.

El botones se marcha y Andrés Choz se aproxima con el papel y el sobre a la pequeña mesa y se sienta.

Luego escribe: Querido Gordo, empezando por contarle que esta misma mañana llegaron el paquetón y su carta

en la ropa acertaste en un sesenta por ciento y el resto es invierno, pero podré remozar bastante mi provecta facha

y efectivamente se encuentra rejuvenecido al contemplarse en el espejo con esta camisa, aunque sin duda influye el corte de pelo.

También se reflejan las dos camas y está tentado de tumbarse otra vez porque tampoco tiene ganas de escribir: sólo por ir matando el rato hasta la noche.

Y es que ciertamente se adelantó demasiado, aunque llegar a tiro hecho hubiera resultado embarazoso. A pesar de todo, cuando pidió una habitación doble creyó notar una mueca de sospecha en el recepcionista, y más al decirle: equipaje no traigo sino éste.

De todas formas, Teresa llegará antes de cenar y mejor estar ya familiarizado con el lugar: esta primera cita después de la otra tarde, precisamente por el largo tiempo de preaviso, le mantiene en una tensión impropia de madurez tan manifiesta.

Y en el esfuerzo por zambullirse en la carta y apartarse así del nerviosismo de la espera, Andrés Choz se obliga a reencontrar los motivos de su resquemor de hoy con Gordo: ciertos temas en la carta de aquél.

Apartado pues su interés del espejo, que con la imagen de los lechos le traía la de su impaciencia, Andrés Choz se inclinó de nuevo sobre el papel.

En cuanto a tu carta, confieso que me ha dejado perplejo, sobre todo cuando dices que debo pormenorizar las circunstancias del accidente. Por mi parte, pensaba que la misma existencia de esos dos capítulos suponía una servidumbre para la novela, y hubiera preferido otro modo de comunicar su contenido al curioso lector: sólo mi poquedad me obligó a tan hiperbólicas explicitaciones. Y sin embargo, tú me sales con eso. No estoy de acuerdo, y creo además que tu opinión, o desluce tu atinada puntería crítica, o diagnostica que el relato no va por donde yo quisiera.

Pero no está satisfecho del tono: acaso más que el puro argumento defensivo conviniera el ejemplo concreto. Y el remecer de las opiniones epistolares de Gordo, primero en el viaje desde el pueblo hace un rato, luego paralelamente a su espera, hace venir a su mano el relato: casi lo siente brazo abajo hasta asomar por la punta del bolígrafo, para ir luego desenroscándose por el papel.

Por otro lado, tu sugerencia tiene una solución baratísima, que a vuelapluma te expongo: la Máquina es el Ojo y el Oído y el Escudo y para Cada Uno lo que la Morada para el Pueblo, etcétera, pero el Hermano Ons modificó el Plan y adelantó la Segunda Ronda y programó como Acción Uno la visita al mundo que descubriera cuando comenzaba a conocer. Entonces algo se alteró sin duda en la Máquina. Quizá el cambio en el Plan fue excesivamente brusco y motivase alguna pequeña avería inicial, lo cierto es que la relación entre H. O. y Máq. fue haciéndose distinta: Máq. alteró el modo en que habitualmente le había proporcionado información y su tradicional abundancia comunicativa se iba transformando en parquedad, a menudo tan imprecisa que obligaba a H. O. a minuciosos interrogatorios. Sin embargo, nada en el cambio de Plan había contravenido la Norma, porque el orden de cumplimiento de los Planes podía ser modificado por los Exploradores si una causa importante lo justificaba, y ninguna podía serlo más que la localización de Conocimiento. H. O. rastreó los Registros en busca de alguna irregularidad que le permitiese comprender, pero no encontró nada. Luego, y pese a la imperfección cada vez más acusada en la comunicación de datos por parte de la Máquina, la estimación de los grandes cambios acaecidos en el planeta le hizo posponer su inquietud por el funcionamiento de Máq. y abstraerse en la contemplación del astro. Era evidente que la horda de incipiente raciocinio había progresado: ahora muchos asentamientos respondían a estructuras sociales complejas y en importantes sectores del planeta se habían establecido sistemas tecnológicos de cultivo y transporte verdaderamente estimables. Teniendo en cuenta el breve lapso transcurrido, el proceso de racionalización y conocimiento de la especie parecía notablemente rápido. Por fin, y tras analizar todos estos datos, decidió incurrir de nuevo en la exploraión directa que tanto le turbara la primera vez que visitó el astro, de modo que hizo varias salidas breves fuera de Máq.

Pero el papel se termina, el botones sin venir, Andrés Choz apura el espacio:

estas ausencias menoscabaron de tal forma el funcionamiento regular de la Máquina, que el Hermano Ons empezó a plantearse la necesidad de interrumpir la Exploración y de regresar a la Morada.

Luego llamó por teléfono.

—Sí, de la trescientas dos, para recordarles que necesito papel de carta. Sí, pero no me subió suficiente, ya se lo dije al chico.

Y se levantó, ahora sí que esperaría tumbado y se tumbó: pensaba, no en las pegas de Gordo sobre la necesidad de aclarar el accidente del Hermano Ons, sino en los sorprendentes reparos morales, que era lo más desconcertante de la carta:

Gordo atribuía al relato «determinados fragmentos excesivamente erotizados» que «harían problemático el texto en caso de que se destinase a un público juvenil».

Jodío Gordo, masculló Andrés Choz, y se levantó para buscar un cigarro en el maletín.

Lo encendía cuando sonó la chicharra.

Adelante, dijo: era el botones bizco con los papeles.

Te olvidabas, ya, eh, dijo Andrés Choz, y el muchacho no respondió, encogió ligeramente los hombros.

Se sentó otra vez: luego hablaría del asunto; ahora, a terminar la dichosa explicación.

Pero la fascinación vieja lo atrapó de nuevo y fue retrasando el retorno con el argumento de que tenía que completar todo lo posible la información sobre la vida inteligente que había descubierto. Sus esfuerzos en el control de la Máquina exigían de él cada vez más energía y la Exploración fue convirtiéndose en un penoso forcejeo entre la Máquina y él, que culminó con el desastre: la desintegración de la Máquina, con la pérdida de todos los Registros, y el naufragio del propio Hermano Ons. Y a partir de ahí, ya conoces. Sin embargo, no creo que esto mejore o siquiera añada algo al relato. Precisamente por lo gratuito de su causalidad, ya que el accidente podría justificarse de mil maneras distintas, pienso que una explicación así lo entorpece, le quita misterio, le lleva a cauces convencionales. De todos modos, me entrego: sobre mis dudas cae como una sentencia tu demanda de explicaciones y comprendo que no puedo atenuar el colorín fantacientífico. O sea que, en base a lo expuesto, irá un capitulillo, ¿vale?

Y reformaré los otros dos, pensó Andrés Choz; ahora ya no son necesarios tantos datos; antes había que ser minucioso para que quedase planteada la tensión entre él y la Máquina y abierta la posibilidad de un accidente, ahora todo puede hacerse con una técnica más puntillista.

Lo otro sí que era enojoso, porque presentaba una faceta puritana de Gordo bastante inesperada.

En cuanto al otro aserto, a fe que todavía no sé si lo has formulado en broma, o si es que a estas alturas resucita en ti un escopista abortado, o que el estío mesetario te reseca las meninges. Te aseguro que a la vista de ello estuve a punto de cabrearme: sólo el sosiego que últimamente me empapa lo impidió. Debería recordarte que, en principio, nunca se pensó que esto fuese destinado al sector juvenil, aunque no me molesta, Gordo, porque también Robinson es «novela juvenil». Lo que sí me sorprende es que una mentalidad tan desembarazada como la tuya pretenda escamotearle a la muchachada lectora la comprobación de lo venéreo .

No hay peor cosa que la ironía desganada. Andrés Choz se estaba forzando al talante cáustico, pero de hecho, el aviso de que la novela podía pasar de «Marginalia» a «Alfanhuí», era motivo principal de su desasosiego.

Gordo siempre a lo suyo, decía Julia.
Pero por fin decidió dejar así el asunto y terminar de una vez el somero ajuste de cuentas.

Concluyendo: me doy cuenta y me admiro de cuán separadas andan mi visión urdidora y la tuya de receptor, morales al margen. Porque mis preocupaciones, apartando el tanto correspondiente a no haber podido evitar precisamente esos capítulos explicativos sobre lo que son Máquina y Norma y Exploración, y sobre si H. O. infringe o no infringe y sale o no sale, o lo del *homo homini lupus*, que resulta pintoresco aunque se puede mejorar, y demás rollo, están constituidas sobre todo por hacer cercanos a Asunción, a Mateo.

Andrés Choz supo de pronto que Mateo era en realidad la evocación de un carpintero llamado Benito o Basilio, bastante borrachín, que de niño le hacía espadas de tipo romano. Pero estaba lanzado a la doctrina y no se detuvo en el reconocimiento del personaje, aunque matizó sobre la marcha:

Por recrear el pueblo de mis propios recuerdos, por que mi lector se creyese la peripecia más o menos novedosa de esos personajillos que vienen y van queriéndose y aborreciéndose y en general desventurados. Porque pienso que hacer vivir en la imaginación del lector a unos personajes una historia, con su cortejo de olores y colores y sombras, sigue siendo el mejor de los fines de cualquier relato.

Y sin embargo, aquella memoria repentina de Benito o Basilio acabó por hacerle interrumpir la carta.

Andrés Choz dejó el bolígrafo y salió a la terraza, contempló durante unos minutos las terrazas vecinas, la calle, hasta que el paso de una muchacha despertó en él la apagada nerviosidad: porque una cosa es el abrazo amoroso en la embriaguez de un instante inesperado y otra esta comunicación a fecha fija, en la fría neutralidad de una habitación de hotel envuelta de algún modo en protocolo. La consideración de este asunto suscitaba en Andrés Choz una inseguridad que le devolvía el sabor de esperas ya muy lejanas en el tiempo.

Y sólo son las siete y media. De modo que volvió a la carta a Gordo, en otro esfuerzo por alejar el reconcomio.

Con independencia de que la carta fuese un recurso contra los fantasmas de la larga espera, quería aprovecharla ahora para dejar constancia ante Gordo de que sus esfuerzos y obsesiones no se conformaban ya en la elaboración de una simple ficción fantástica:

> Estos días, por ejemplo, me desazonó que quedase poco claro, en el último capítulo que llevo escrito y que naturalmente no conoces, lo que pasa con el padre de Asunción cuando ella, casada con el guardia como sabrás, abandona la casa paterna. Al principio escribí: «Ella iba cada día a cuidar a su padre», pero pensé que esto ¿suponía que con una sola visita diaria Asunción daba de desayunar, comer y cenar, afeitaba y limpiaba e imprevistos a su padre?, ¿o suponía que se acercaba hasta la casa paterna tantas veces al día cuantas fuesen necesarias dichas operaciones? Te parecerá un derroche de tiempo y que me la cojo con papel de fumar, pero estuve casi dos días dándole vueltas a la disyuntiva, y por fin acepté la insidiosa solución del ambiguo «iba cada día». Pero cuando pensaba que el tema quedaba resuelto surgió la objeción más importante: ¿se daba a entender, en todo caso, que, salvo en sus ocasionales visitas, fuesen muchas o pocas, Asunción dejaba abandonado a su padre en la soledad de su penosa situación? Cuando comprendí que esto era lo que parecía, me desazonó de tal modo la absoluta soledad del padre que estuve tentado de cargármelo al principio del capítulo, con lo que me ahorraría esta situación tan poco verosí-

mil. Pero yo tenía necesidad de demostrar el firme vínculo que une a Asunción con la pacífica serenidad de los campos, y esto sólo podía conseguirlo manteniendo vivo al viejo impedido: porque de no existir el pretexto de su cuidado, las bucólicas escapadas de Asunción serían más difíciles de justificar para la gente del cuartel y, por supuesto, para el sufrido lector, de no mediar alguna crisis grave entre Asunción y su marido, que al fin y al cabo están recién casados. Creí que había llegado a un callejón sin salida, hasta que tuve la idea, vieja como el artificio de relatar, de inventarme una criada silenciosa que acompañara al padre, con lo que ya me quedé tranquilo en cuanto a la verosimilitud de la situación y pude desarrollarla a mi gusto. ¿Crees que estas desazones tienen algo que ver con lo cósmico? ¿Piensas que con estos hilos puedo tejer algo fantástico?

Y después de haber puesto todo aquello, y del remate enfático, la misma motivación que acababa de armar le suscitó la ocurrencia de matar en efecto al padre, pero no al principio del capítulo, como en algún momento había ciertamente imaginado, sino a su mitad.

La imagen literaria del viejo muerto, helado acaso una mañana, podrían ser los últimos fríos del invierno, en su sedente quietud sobre el poyo, le interesó fuertemente.

Por otra parte, los problemas de Asunción con el cuartel podrían hacerse así más claros, ya que seguiría yendo a la casa paterna pese a que no tendría obligación familiar alguna. Sería entonces evidente, incluso para ella misma, que lo hacía por estar sola, por oler la hierba, por correr sobre la escarcha.

Pero pensó que también podría dejarse la muerte del viejo para el capítulo siguiente: es una muerte a la que se le puede sacar jugo, una baza.

Y prosiguió escribiendo: le confesaba a Gordo que esas escapadas de Asunción, esa necesidad de aire libre, eran en realidad una obsesión del propio Andrés Choz.

Como antes a Benito-o-Basilio, recordaba ahora al hijo del Cabo:

... cuando chaval, fui amigo del hijo del cabo, un rapaz algo mayor que yo con el que jugaba a menudo. Me gustaba irlo a buscar a la casa cuartel y escrutar aquel sombrío patinillo interior lleno de ropa colgada. Del edificio se desprendía un aura nada rural, un poco misteriosa, que me atraía porque despertaba en mi ánimo una satisfactoria repugnancia: la visión de aquellos pasillos oscuros, de aquellas promiscuidades familiares, recordada desde mi cama, me permitía ensueños placenteros de pena: imaginaba que yo era alguno de aquellos rapaces tan pelados, tan sosegados, tan bien enseñados, y la constatación de la gran casa de mis padres, con su huerto enorme y sus solemnes salas, avivaba el ambiguo placer de figurarme obligado a vivir en el sórdido recinto del Puesto, pero sabiendo que era imposible dejar de ser yo mismo y por tanto de disfrutar de las posesiones de mis padres. Y al tiempo que me imaginaba niño del cuartel, pensaba que, de ser así, me escaparía para correr aventuras en la libre soledad de la ribera y del bosque. Aquella compleja quimera se ha reproducido cuando obligué a Asunción a vivir entre las penumbras y tras los ventanucos del cuartel, que no es otro sino el de mi recuerdo: el personaje reaccionó envolviéndose en una rotunda nostalgia que aún no sé dónde me lo llevará. Y esa nostalgia melancólica suya tiene origen en la que yo mismo, chaval, hubiera sentido, de haberme visto obligado a vivir el trance en que a ella la puse.

De todas maneras, el planteamiento de Gordo es realista: meterá la novela donde pueda. Por eso previene problemas, conociendo el percal, si la novela tiene que ir a lo juvenil. Había sido el mejor amigo siempre: en la época de la caza de infiltrados, le ayudó sin titubear.

Siempre le ayudó. A ver qué hubiera sido de Andrés Choz si Gordo no lo mete en la editorial cuando le depuraron.

Por ahí van mis problemas literarios, pero qué más da. Ahora empiezo a disfrutar más de la construcción del relato y tus apreciaciones me sirven al menos para verlo desde una perspectiva ajena a la mía, tan exclusiva, tan poco objetiva. Porque aunque he hecho amistades, como te dije, se trata de gente moza, y últimamente la gente moza ha dado en decir que los relatos no se escriban al viejo estilo, sino como si se *desescribiesen:* que los escriba Nadie, como quería uno en una revista. A lo mejor tiene razón, porque total...

Cómo reprocharle nada a Gordo.

Y en general bien, mucho mejor. Al olmo viejo algunas hojas verdes le han salido. Y fíjate que estuve de funeral, porque murió el cuñado de la patrona, y la contemplación del cadáver, que había sido un hombre fornido y estentóreo, su quietud de objeto, en lugar de exasperarme los humores hipocondríacos me proporcionó la consoladora certidumbre de que aquella actitud era también un gesto humano. Luego me puse filósofo y pensé que en definitiva somos un efímero trance dentro de la organización de la naturaleza, un momento en que la materia pasa por la peripecia pensante, consciente, un estadio más del misterioso Caos. Y a la luz de las lamparillas, ante la serena mueca final del muerto, me decía que sólo una ligerísima modificación en la colocación de las piezas del sustrato físico haría del cadáver un ataúd y del ataúd una cruz, de la cruz una manzana y de la manzana una zapatilla.

Volvió a salir a la terraza: olía a marina y a bollos. Un automóvil aparcó en la acera de enfrente y salió Teresa. Andrés Choz la contempló dirigiéndose a la puerta del hotel.

Entró otra vez en la habitación cuando sonó el teléfono. Una señorita pregunta por usted. Dígale que suba. Y se quedó mirando la puerta, esperando la entrada de ella, preparado para decirle dónde quieres cenar. Con una sonrisa.

(Nueve)

Una zapatilla se convertirá en moneda y
una moneda en perro y un perro en búcaro: Teresa, envuelta en las ropas de la cama, contempla al hombre que gesticula haciendo discurrir
su monólogo por enrevesados meandros.

Cuando penetró esta tarde en la habitación
se vio asaltada por una indefinible extrañeza delante de Andrés Choz repeinado, vestido con
ropas insólitas. El primer contacto después de
varios días, que ella imaginara cálido, quedó en
un ósculo formalista. El nuevo Andrés Choz tenía un talante distinto del Andrés Choz conocido y unas ínfulas juniores que nublaron de pronto el aura patriarcal.

Durante el recorrido en busca del res-
taurante apenas hablaron. Andrés Choz se movía con prisa, equivocaba las calles, volvieron
varias veces a la misma plaza, preguntó a un
guardia.

Llegaron al fin al sitio, pero estaba lleno y
tuvieron que esperar largo tiempo, así que ce-
naron ya tarde, cuando apenas quedaba otra

cosa que unas fritangas que a él, al parecer, le estropearon el estómago.

Gotea la humedad nocturna sobre las brasas del escaso entusiasmo amoroso y en Teresa se borra aquella ternura suscitada por los anchos pantalones de pana, el jersey unamuniano, la boina.

Andrés Choz fuera de su cubil está también despojado de los prados, de los laureles, de las asperezas rocosas. Ha perdido el fulgor de que formaban parte aquellos atributos. Parece que no vino por su voluntad sino que sufre el destierro de esta habitación desconocida, ajena. Y el primer abrazo de la noche, hace un rato, careció de la dulce demora, del denso fervor que palpitaba en su afán cuando se amaron en la gran cama de la casa de Benilde.

En Teresa, la antigua ternura está siendo eclipsada por una antipatía agria.

Andrés Choz apura el vaso de agua y se levanta. Esas malditas rabas, dice, se dirige al cuarto de baño con el vaso en la mano, deja correr el grifo, vuelve ya con el vaso lleno, lo posa sobre la mesilla. Teresa no puede evitar la imaginación del vaso de los oradores: es una conferencia, piensa, es un conferenciante.

Se trata de un hombre viejo. Sus carnes, menguadas y pálidas, muestran las oquedades que sólo modela la impía erosión del tiempo.

Entre las oquedades, la vegetación rala de unos mechones grisáceos añade a la decrepitud general del cuerpo un borroso perfil polvoriento.

Teresa se envuelve aún más apretadamente en las sábanas. Tiene frío, la sensación de encontrarse en un lugar helado, en el más profundo sótano del mundo, allí donde el aire fuese el rancio reverso de la brisa, en un ceniciento panteón.

Andrés Choz se arrima, la besa, la destapa.

—Deja que te vea.

A la luz de la lamparita, los dibujos del papel de la pared tienen la perspectiva de algunas pesadillas: son cardos, alcachofas, bulbos. Sus sinuosidades se han convertido en arrugas y agujeros que simulan bocas misteriosas, que se entrecruzan para suscitar hendiduras y panzas obscenas.

Teresa cierra las ropas otra vez.

—Tengo frío.

Pero Andrés Choz la abraza, no digas eso, exclama, de nuevo crepita su retórica, cuando se puede sentir frío es bueno sentirlo, te abrazaré muy fuerte y se te pasará, a que ya no tienes frío, a que no. Y sigue besándola en el rostro, en el pelo, ojalá yo sintiese frío por mucho tiempo todavía, pero el frío definitivo es el que no puede percibirse, es el que está constituido por ti mismo cuando ya no eres, son todos los fríos unidos y tú formas parte de ellos y ya no sientes nada porque eres para siempre solamente frío.

Y Andrés Choz continúa dibujando el pormenorizado arabesco que enlaza el sentimiento con el frío y el frío con el cuerpo y el cuerpo con la muerte, hasta que Teresa tiene deseos de sollozar por ella misma en la noche y en la pasividad y en la desorientación.

Soy una imbécil, piensa, quién me manda a mí meterme en estas historias, y se encuentra desolada y lejana: soy una sentimental.

Soy un sentimental, dice Andrés Choz, pero qué otra perspectiva para relacionarnos con los demás y con las cosas cuando no se cree en verdades absolutas.

Se golpea el vientre.

—Cuando tengo la conciencia del desastre final, se me ocurre, me pregunto, por dónde comenzarán a devorarme los gusanos: sin duda de dentro afuera, cientos de gusanos ávidos irán deglutiendo los tiernos entresijos, raca, raca, raca.

Andrés Choz se anima aún más en el fuego de su exposición .

—¿Dónde habrán quedado entonces todas mis inquietudes? ¿Dónde los turbios devaneos de la mocedad, las lujurias solitarias, los escarceos primeros? ¿Dónde el contacto mercenario y sórdido de algún sábado provinciano o los contactos gloriosos con las carnes amadas y enamoradas? Cuando los gusanos hayan terminado, ya toda mi mezquindad y toda mi gloria serán la misma cosa, polvo, cenizas, etcétera.

¿Realmente se trata de un hombre llamado Andrés Choz? ¿No será acaso un íncubo burlón que, después de abandonar su espantosa morada, ha venido para descargar en ella su inmunda simiente?

Esta imagen de Andrés Choz, su concreta actitud, le hace evocar la de su primer seductor, Vicente Martín, mantenedor electrizante de algaradas estudiantiles con el que inició en el viaje fin de carrera una relación que llevaría al desastre a la suya con Juan Carlos y que acabaría también desastrosamente.

El regusto agrio se hace casi náusea al verificar el recuerdo de Vicente Martín fumando con la mano izquierda mientras acariciaba sus pechos con la otra, por la ventana del patio entraban los ruidos de la sobremesa, fregoteos, musiquillas y seriales radiofónicos; lo que necesitáis las chavalas es un buen polvo a tiempo, dijo Vicente Martín estirando en la cama su largo cuerpo y Teresa le miró encontrando de pronto no al militante desenfadado sino a un tipo cuyo sudor olía demasiado, cuya relación en la intimidad estaba pringada de una viscosidad bastante asquerosa.

Total, un desengaño detrás de otro, la conciencia cada vez más clara de que no es posible relacionarse con los demás a través del amor, porque el amor, para qué vamos a engañarnos, es francamente difícil.

Y ahora sí que tiene ganas de llorar, y tapa su cara con las manos, y rechaza rudamente el consuelo de Andrés Choz, que se ha abalanzado en ademán protector.

Andrés Choz se quedó perplejo.

—¿Qué te pasa? ¿Te encuentras mal?

Ella no contesta, y Andrés Choz la rodea con sus brazos, repite suavemente:

—Qué te pasa, mujer.

Estuvieron los amados maravillosos pero luego llegaron éstos, los bárbaros, los que en lugar de ser contemplados contemplaban, los irruptores: con todos ha sido igual. Cuán lejos Charlton Heston con su rictus que bajo displicencia escondía pasión infinita, en los tecnicolores de la jungla o entre los castillos. Y Don Jaime el coadjutor, con sus palabras blancas y su belleza tímida hablando de divinos corazones. Cuán lejos el propio Juan Carlos, con sus remordimientos por excitarse cuando la besaba y sus propósitos de castidad premarital.

Lo de Vicente Martín fue inesperado y en realidad no hubo amor: sólo la fascinación por el sedicente aventurero y, sobre todo, el largo hastío con Juan Carlos que culminaba en búsqueda de piso, evaluación de tresillos, premonición de que el hastío se haría permanente e insoslayable y que estaría tipificado según todas las pautas, las cautelas, las decoraciones, los gozos y los sinsabores del ceremonial burgués.

Lo de Vicente Martín igual que vino se fue; el gallo no lo era tanto y la persiguió tras la ruptura con frenesí de escolar desdeñado.

En cambio, con Armando había sido distinto: sin violencia ninguna, racional, casi científico. Pero Armando predicaba y ejercía una independencia que solamente le enriquecía a él, una independencia que la impregnaba de soledad como la dependencia la impregnó de aburrimiento con Juan Carlos.

Teresa separa las manos de su rostro, cruza los brazos sobre las rodillas, apoya en ellos la cabeza.

—Déjame, anda.

Andrés Choz la miró fijamente. Luego dejó resbalar su mirada por la habitación: las luces y las sombras encajaban dolorosamente, haciendo resaltar los burujos de la ropa en desorden y las líneas de confluencia de las paredes y del techo. Un zapato adquirió en la penumbra insólito aspecto agresivo, un talante como de tiburón o de morena.

—Teresa, mujer, qué pasa.

No pasa nada, que ningún gesto sexual consigue consolidar plenamente el hábito de la confianza, incorporarse a los demás gestos del afecto y darles brillo como el barniz a la madera. Que ningún cariño parece que pueda subsistir cuando tu mirada se hace minuciosa como la de una lente que ampliase las señas de tu compañero hasta deformarlas haciéndolas ridículas, repelentes .

Lo de la gratificación sexual debería resolverse con alguna máquina, al fin y al cabo es solamente una sensación como el sabor, el olor, con alguna medicina a propósito, a lo mejor otra píldora. Nunca deberíamos desnudarnos juntos, ni estar juntos desnudos, ni perder las inhibiciones a que obligaban los viejos manuales de urbanismo.

Pero Teresa se siente clavada en la mirada triste y vieja de Andrés Choz, se siente invadida por una indefinible corriente de piedad por el propietario de la mirada, de nuevo la pellizca el remordimiento con sus ásperas pinzas.

Ya no es un íncubo sino otra vez el maduro caballero de la noble cabeza, de la espesa voz, del ademán cordial, el hombre de los sentires encrespados porque no puede apartar ese cáliz.

Pobrecillo: la continua referencia a su condena, la incansable descripción de sus cuitas, su obsesión permanente, tienen también un aire de queja infantil, es como un niño que acaba de enterarse de que los Reyes son los padres.

Teresa envuelve en la manta los dos cuerpos y se aprieta contra él, reclina su cabeza en el pecho del hombre.

—Perdóname, estoy rara.

A Andrés Choz le cosquillea durante unos instantes la apetencia del cuerpo cálido y oloroso que se apoya en el suyo, de los senos macizos y tiernos, de los muslos blancos, pero renuncia porque se ha entristecido.

Andrés Choz bebe otro sorbo de agua y dice:

—Si quieres dormir.

Teresa no contesta, escucha el latido del viejo corazón y frota suavemente su mejilla contra el pecho de él. Andrés Choz la atrae hacia sí.

Teresa, dice.

La acaricia con mimo: ella sonríe, acaricia a su vez las espaldas del hombre, pero esto tiene que acabar, piensa, esto no puede continuar, esto es absurdo.

CAPÍTULO SÉPTIMO

Antes de llegar percibió la atmósfera mohína del Puesto.

La desviación insignificante de un elemento marginal había hecho inútil todo el esfuerzo de aquellos meses y el Heredero murió al nacer.

El cuerpo azulado de la niña permanecía inmóvil sobre la mesa como el de una muñeca estrafalaria.

El médico señalaba la causa de la asfixia; el padre se abatía en un desengaño silencioso; Asunción hundía su cansancio en un sueño espeso.

Las mujeres arreglaron la alcoba, se llevaron la palangana y los pañales, recogieron las vendas manchadas, metieron por fin el cuerpecillo en un saco de tela.

También él se entristeció: no sólo por la comprobación del irracional derroche: era también una especie de congoja porque algo que de algún modo le pertenecía había sido destruido. Y es que la contemplación de aquella prolija elaboración le había vinculado misteriosamente al ser que se hacía.

Compartió la pena de la mujer al despertar y estuvo a su lado fielmente durante la breve convalecencia.

Al cabo de un tiempo, cuando Asunción reanudó sus diarios desplazamientos a casa del padre, la acompañó, en la rutina de los meses pasados.

Pero el padre de Asunción apareció muerto una mañana.

La criada lo encontró al levantarse: estaba sentado en el poyo de la entrada, con las dos manos sobre la curva de la cacha y los ojos perdidos en una secreta lejanía.

Cuando Asunción llegó, avisada apresuradamente por la horrorizada fámula, se sentó junto al cadáver y quedó inmóvil también ella: el pensamiento de que se había quedado sola en el mundo le llenó de lágrimas los ojos. Luego siguió llorando porque en la quietud del paisaje familiar recordaba a su padre vivo y también a su madre viva, de pie junto al corral o sentados en aquel mismo poyo, cosechando los higos de la gran higuera o vendimiando la vetusta parra, tejiendo los gruesos pasamontañas del invierno o comentando los mínimos sucesos de una jornada.

En remembranza instantánea se mezclaron sus años infantiles y sus años mozos y supo que todo aquello no volvería a ser jamás.

Enterrado el padre de Asunción y aliviados los duelos, el marido buscaba por toda la casa el escondrijo de los tesoros sospechados: un rumor pueblerino aseguraba que el padre de Asunción escondía grandes riquezas, monedas y pulsos de oro y plata que su padre El Indiano trajera de Cuba.

Asunción continuaba acercándose varias veces cada semana a la casa paterna, para barrer y ventilar las grandes habitaciones y sacudir el polvo de los muebles. La conciencia de que la casa le pertenecía exacerbaba aquel fervor doméstico y compensaba la insatisfacción permanente por las estrecheces de su domicilio conyugal.

Un día, mientras su marido escarbaba al pie de la higuera en la afanosa pesquisa, le vino el recuerdo del padre trajinando en el sobrado. Hacía poco que muriera la madre. Ella había subido las escaleras detrás de él y asomó la cabeza. El padre estaba en la penumbra de un rincón y entre sus manos invisibles había un rumor metálico.

Al reclamo del recuerdo y cuando el marido marchó al Puesto, Asunción subió al sobrado, rebuscó entre los polvorientos trastos, repasó meticulosamente el rincón en que viera el bulto del padre aquella vez, encontró por fin sobre una viga, envuelta en telas de araña como en un espeso sudario, una bolsa de cuero llena al parecer de monedas.

Asunción se sentó en el corral y vertió las monedas en el hueco de su falda: resplandecieron al sol perfiles de rostros y águilas con el glorioso fulgor del oro.

Ella las cogía a puñados y las dejaba caer otra vez, en el encantamiento de su brillo y de su tintineo. Por fin las repartió, haciendo dos montones: devolvió uno a la bolsa y envolvió el otro con su propia pañoleta, cuyos nudos ató fuertemente. Subió el bulto de la pañoleta al sobrado y lo dejó en el escondrijo original. La bolsa de cuero la llevó al Puesto y se la dio al marido diciendo que la había encontrado en un hueco del tapial.

Aquel hallazgo encendió aún más en el marido la avariciosa pasión. En el intento por descubrir las joyas del fabuloso rumor aldeano, metió la azada en el huerto hasta desmoronar el último terrón y deshacer el ya desvaído dibujo de los surcos, en los cuadros que un día estuvieron apretados de patatas y de cebollas, de pimientos y de berzas.

Pero la bolsa de monedas significaba ya sin más el pago de una mayor libertad para las ausencias de Asunción, que volvió a sus paseos cotidianos.

A veces, mientras la mujer se abstraía en la contemplación del paisaje, Kaiser se apartaba en busca de los rincones donde solamente se sentía el escaso murmullo de los vegetales o de las bestias pequeñas.

En aquellas soledades, Kaiser iba recuperando el sabor del rebullir de la vida inconsciente, motivo de su primera fascinación por aquel mundo.

Estos apartamientos fueron creándole un hábito solitario y se hizo a vivir fuera del cuartel y a buscar la compañía de Asunción únicamente cuando ella salía.

Estaba en el monte un mediodía, frente al paisaje apacible del pueblo, adivinando la presencia inquieta de un roedor, cuando se presentó a su percepción una obsesión diferente.

Inmóvil sobre la peña, esperaba a que cuajase aquella presencia, hasta que fue capaz de reconocerla: era Mateo.

El reconocimiento de Mateo despertó en él una turbación inesperada.

Mateo se había acercado hasta apoyarse en una roca. Llevaba ahora unas botas nuevas, a la espalda un tabardo enrollado y en el zurrón alimentos, baratijas, un arma de fuego, un catalejo.

Rondaba la mente de Mateo un agrio desvelo, como un pájaro extraviado: la visión de la casa de Asunción cerrada y vacía fue la señal de un augurio funesto.

Mateo espió el pueblo casa a casa, puerta a puerta, escudriñando cada persona y cada bestia, en la furiosa necesidad de un rastro.

Por fin los descubrió: aquel día era domingo y las gentes del cuartel pasaban la tarde al arrimo de las tapias, bajo el emparrado.

Asunción y su marido estaban sentados el uno junto al otro. Asunción zurcía una prenda y él leía la Gaceta atentamente. A veces se hablaban y Mateo seguía desesperadamente, sin adivinar su significado, los movimientos de sus labios.

En aquel acecho, que duró hasta que el largo anochecer se quedó sin luz y en la oscuridad brilló solamente el tenue reflejo de las ropas tendidas, Mateo imaginó las vicisitudes de Asunción desde su huida y se sintió aplastado por una desesperanzada pesadumbre.

Kaiser había permanecido detectando cuidadosamente el rumor familiar de aquellos sentimientos.

Ante el regreso de Mateo sentía como si en el mundo inmediato hubiese habido un hueco durante todo este lapso, un vacío sólo reconocible precisamente ahora, cuando lo llenaba su ocupante exclusivo.

Con la presencia de Mateo recuperaba también los recuerdos del primer aprendizaje de las conductas humanas, del ajetreo popular del que había estado luego tan alejado por su incorporación a la vida cuartelera.

Así, a lo largo de toda la tarde, mientras Mateo se esforzaba en descubrir los rastros de

Asunción, Kaiser reencontraba todos los rastros de Mateo.

Cuando se hizo de noche, Mateo guardó el catalejo, se tumbó panza arriba y contempló el cielo estrellado: pero el sereno parpadeo no traía la paz a su ánimo desengañado, sino sólo el recuerdo de las cabrillas de la mar brava.

Kaiser permanecía cercano: al cabo le sintió comer algo, arrimarse a la peñona, envolverse en el capote. Luego percibió durante largo rato su amargura, y por fin cómo se quedaba dormido.

CAPÍTULO OCTAVO

Apenas era el alba y Mateo estaba otra vez en pie: bajó al río y se aseó, comió luego unos bocados, se instaló por fin en el observatorio del día anterior, con el catalejo dispuesto para el acecho.

El pueblo despertaba también: había en las chimeneas penachos de humo gris, chirriaba el eje de algún carro, bajaba una cuadrilla por el sendero de la mina.

Mediada la mañana, Asunción atravesó la portalada del Puesto: ceñía el mantón negro como si el sol no calentase y llevaba una cesta bajo el brazo.

El corazón de Mateo había brincado al verla.

Mateo recogió sus cosas y echó a correr por la falda del monte, entre las urces, persiguiendo el rápido caminar de la mujer, que se perdía en los aledaños del pueblo, rebasaba ya las tapias del corral de la última casa, desaparecía entre las sebes que flanqueaban el camino del valle.

Cuando Asunción llegó a la casa paterna, dejó la cesta en el umbral de la puerta y siguió luego caminando: la mañana era calurosa y, desceñido el mantón, buscaba el frescor del soto umbrío. Penetró pues en la chopera y se sentó sobre la hierba, cerca del agua, en una sombra donde se sobreponían la de los chopos y la de las mimbreras.

Delante corría el río, las golondrinas bajaban rápidas hasta rozar las aguas, una brisa gustosa le cantaba en los oídos y acariciaba sus mejillas.

En esta actitud le sorprendió la aparición de Mateo: cruzaba el río con los ojos fijos en ella, pisando por las aguas con zancadas largas. El agua llegó a su cintura y su avance se hizo más lento: ahora equilibraba con un brazo en alto e inclinando un poco las espaldas el tirón de la corriente, pero seguía andando y ya salía, se acercaba, llegaba a su lado. Sus botas chapoteaban al andar y el agua escurría desde sus pantalones.

Se miraron unos instantes y luego él descolgó sus bultos de la espalda, los echó en el suelo, musitó un saludo.

Ella pensó: debería irme, dejarle, debería irme, pero no lo hizo. Suspiró de pronto cuando él se sentó frente a ella y luego dijo también:

—Hola.

No dijeron nada más. Ella desvió la mirada para seguir contemplando el río. A veces sus ojos se tornaban hacia el hombre, que la miraba atónito.

Cuando el mediodía había puesto más oscuras las sombras y más claras las solanas, Asunción se levantó y dijo adiós.

Mateo extendió la mano como para sujetarla de la falda, pero no lo hizo.

—No te vayas, quédate.

—Tengo que irme.

—¿Volverás por la tarde?

—No.

Mateo la siguió hasta la casa del padre. Asunción se acercó a la puerta, sacó del cesto varios tiestos vacíos y los colocó sobre el alféizar de la ventana más próxima.

—¿Volverás mañana?

Ella le miró un momento, luego alzó una mano, dijo otra vez adiós y se alejó.

En la quietud silenciosa sólo se movían algunos insectos. Las tapias proyectaban un filo breve de sombra. Mateo contempló la figura de Asunción hasta que desapareció y rodeó luego la casa. Cuando estuvo frente al portalón escudriñó por las rendijas de la madera: reverberaba el sol contra el empedrado del corral, pero al fondo se ofrecía la espesa sombra del henil.

Mateo escaló la tapia, cruzó el corral y subió al cobertizo. Amontonó entonces los escasos restos de paja, colocó el capote a modo de almohada, se tumbó y se quedó dormido con un sueño plácido y profundo.

Asunción volvió al día siguiente.

Sentados bajo la misma sombra, en la orilla del río, hablaron entonces los dos.

Las palabras se desparramaban como las piedras de un alud y los relatos se mezclaban en el esforzado intento de cubrir los argumentos ajenos con las propias justificaciones.

Mateo relató entonces la lejana discusión de la tasca, reprodujo los insultos del padre de ella, su propio furor de pronto desatado.

Volvía a preguntarse con admiración por qué aquel hombre, que tanto parecía quererle cuando rapaz y aún de mozo, convirtió en odio su trato cariñoso: la única explicación posible era que le humillase que su hija pudiese unirse con el hijo de una mujer que había sido criada suya.

Y cuando terminó aquellas consideraciones relataba sus travesías, pueblos lejanos sólo entrevistos en la noche brumosa de los muelles y de los puertos, cuando las luces de los cafetines se reflejan desoladoramente en los charcos de las calles extrañas y, en la algarabía de voces también extranjeras, crepita la música de la soledad; el carboneo y el acarreo hasta el hogar de las calderas, en aquellas oquedades del barco que tanto le recordaban las negruras tibias de la mina; la contemplación de alguna bestia gigantesca resoplando en la mar inmensa que cada hora tiene un color y un sonido diferentes.

Asunción, olvidada de los rencores iniciales, le aseguraba que le había esperado, que sólo su tardanza en regresar y la indefensión en que ella y su padre quedaban hicieron posible lo que pasó. Relataba con reproche las consecuencias de la paralís: las faenas a medio rematar, luego las ventas del ganado, los arrendamientos malbaratados.

Y recordaba también los cuidados al padre, que era como un niño al que había que limpiar, vestir, dar de comer: el pobre sólo se movió para salir a la puerta de casa y quedarse allí muerto.

Terciaba él jurando que nunca pensó alejarse definitivamente. Explicó que por los caminos de la mar el tiempo está sometido a otros calendarios y los días allí son como aquí las semanas, pero que nunca en las lejanas singladuras había dejado de pensar en ella.

Al fin tuvieron las manos enlazadas y las cabezas juntas: los reproches tenían ya decididamente el guiño de los amores que retornan.

Entre las penumbras de la casa cobijaron sus abrazos renovados.

En Mateo la pasión se crecía por la rabia. Pero en la urgencia de su deseo vibraba también el reverso de los temporales en que se creyó al pie de la muerte: la azarosa aventura del mar le había hecho comprender desesperadamente el valor del suelo firme, como la soledad de sí mismo entre los efluvios olorosos del bacalao, allá en los tenebrosos camarotes, le había hecho saber el valor infinito de la compañía de este cuerpo blanco y hermoso, suave como los olores del amanecer en los praderíos, luminoso como los jardines de los cantares.

Asunción vivía como si el tiempo no hubiese transcurrido y sus encuentros con Mateo estuviesen obligados a la clandestinidad sólo por la prevención de las iras paternas. Fue dejando en un abandono considerable sus obligaciones domésticas. Por otra parte, para sus amores había aparejado con esmero el dormitorio principal de la casa paterna, y cuando tras los abrazos se quedaba adormecida en aquella gran cama que había sido de sus padres y de sus abuelos, llegaba a olvidar casi completamente su vinculación matrimonial.

Aquel alejamiento, que su marido percibió en ella durante el embarazo, se convertía ahora en un desapego imposible de ignorar.

Una noche, tras un abrazo en que Asunción se mantuvo especialmente lejana, el marido soñó en una conmemoración, acaso la del Santo Patrono.

Había un bullicio de vasos y conversaciones, estaban los compañeros y sus mujeres, algunos paisanos, el cura.

Asunción se había separado de él y de pronto, ante las miradas y los silencios de la concurrencia, él la buscó con los ojos y la vio en un rincón de la sala, apartada de todos, muy cerca de un forastero envuelto en sombra al que hablaba con ostensible dulzura.

Él se sintió desgraciado y solo, quiso decirles algo, hacer patente su presencia, su autoridad de dueño y señor, pero Asunción le miró como desconociéndole, con una sonrisa en los labios que no era para él sino para el hombre en la sombra.

Despertó. Ella respiraba lentamente, todo estaba tranquilo, cantaban fuera los grillos y los sapos. Pero la imagen había sido tan vívida que el despertar no consiguió borrar completamente el arañazo de los celos soñados.

Hasta el amanecer revolvía en su pensamiento la desazón del sueño: las ausencias de Asunción cobraban de pronto un misterioso significado.

Al día siguiente, fue cauteloso tras ella.

El insomnio y la inquietud enturbiaban sus sentidos, y así escuchaba en la suave estridencia de las chicharras un eco de cuchillos que entrechocaran, de cerrojos montándose, y el relumbre del río escurriéndose vega abajo le recordaba el brillo de los machetes.

Espió su entrada en la casa. Luego, atravesó el corral y se aproximó.

Oyó primero palabras de salutación; luego, un rumor de alientos amorosos, de un amoroso abrazo.

Pero cuando conoció la verdad no hubo ira sino una estupefacción súbita, dolorosa como un navajazo, que zumbó en sus oídos, le humedeció los ojos, le empujó contra la pared como la embestida de un animal grande.

Alzó los brazos en busca de apoyo, pero arrastró en su caída un estante cargado de cachivaches que se derrumbó con estrépito.

(Diez)

Uno tiene trescientos setenta y cuatro libros fichados y, por ejemplo, hay quien se admira y te dice: cuatro tesis, para cuatro tienes. Y si es de confianza: ahora la carne de doctor está tirada, no exageres, acábala de una vez, de todos modos serás «cum laude».

Pero aunque uno tiene perfiladas determinadas partes y conoce en general el abanico de los temas posibles, sigue atrancado en la Introducción: porque uno no está siendo capaz de acuñar el concepto que sintetice de modo suficiente, con plenitud, el contenido del asunto.

Esta búsqueda del concepto, presente en sus preocupaciones a lo largo del curso de modo subrepticio y disimulado tras la localización y la reseña de material, ha mostrado toda su imponente dificultad en el verano y sobre todo desde que las vacaciones hacen insoslayable la tarea reposada encima de los textos.

Pero este mes, que debería haber hecho cuajar la estéril imaginación en una definición luminosa, huevo primordial para vuelos científicos de alguna altura, muere sin haber conocido el glorioso suceso, aunque deje atrás hermosas horas de pesca y largos introitos culinarios. Y un descalabro sentimental.

Se escarba en el oído con el bolígrafo, escucha los crujidos que profetizan la venida de los vientos otoñales, vuelve la mirada hacia la ventana, porque de nuevo un rayo efímero de sol ha escapado por entre las nubes veloces estableciendo luces y sombras, superficies y reversos.

Pero asoma un rostro entre los ramajes del bardal.

Luego ves que se trata de Andrés Choz: está separando con las manos las ramas, pero no mucho; hay en su postura un evidente sigilo.

El fisgoneo flagrante te hace levantarte y observar el rostro ajeno también con sigilo: aquel acecho resulta extraño, ya que debe tenerse en cuenta que Teresa, hoy como estos días pasados, se ha ido después de comer. Con el tío ese, habías pensado, y resulta que el tío ese está escondido entre el seto.

Entonces Armando salió de la cocina y se dirigió al antiguo comedor, cuyas ventanas permitían una contemplación más de cerca, y a través de las contras espió al espía:

El cabello blanco y el rostro también pálido imitaban el de un busto marmóreo. La imagen adquiría mayor verosimilitud en el marco verde oscuro del laurel.

He ahí la impasibilidad del rostro de Andrés Choz, abstraído en su visión de la huerta abandonada y solitaria: acercas una silla y te sientas para observarlo más cómodamente: y descubres que ese rostro avejentado no despierta en ti ninguna emoción singularmente rencorosa.

Qué querrá, pensó, ¿hablar conmigo?

Pero Teresa le hubiera advertido. Este cauteloso huroneo no es propio del prurito de sinceridad de ella.

Ahora, un leve ruido hizo moverse ligeramente la cabeza de Andrés Choz: dirigió su vista hacia el motivo sonoro: es una revista cuyas hojas volvía un golpe de la brisa, junto a la pared de la casa, entre la tumbona y los deteriorados sillones de mimbre. Y tras un vistazo breve, el rostro de Andrés Choz desapareció.

Esperas unos instantes pero ya no vuelve a aparecer el rostro entre los laureles.

Te levantaste y te encaminaste pensativo a la cocina, preparaste la pipa, saliste luego fuera de casa y te sentaste en la tumbona con la pipa encendida.

Y continuabas pensando en Andrés Choz cuando te pareció vislumbrar sus blanquecinos atributos en borroso recorrido tras el ramaje.

¿Por qué? ¿Es que está rodeando la casa? ¿Es que quiere entrar y no acaba de decidirse?

Armando se incorporó levemente y siguió el trayecto de la indefinible blancura que de pronto es otra vez el rostro de Andrés Choz, esta vez al otro lado de la cancela.

Andrés Choz le miraba, hizo con la mano un gesto desmañado, como de salutación.

Por fin empuja la cancela, entra, camina hacia ti, llega a tu lado. Los dos os mirabais fijamente.

Qué tal estás, dijo Andrés Choz.

Hola, dices tú.

Y entonces él preguntó: ¿No está Teresa?

Otra vez relumbró el sol entre lo gris, al tiempo que un empujón de la brisa volvía a hojear las páginas de la revista.

En la pregunta de Andrés Choz no había sarcasmo alguno. Por debajo de las mangas de su jersey y de las perneras de sus pantalones asomaban unas canillas descarnadas. Armando descubría que el aspecto de Andrés Choz era más bien desventurado, adecuado al enternecimiento de las mujeres sensibles.

¿No estaba contigo?, respondes, y Andrés Choz se encoge de hombros, mira a su alrededor, acerca uno de los sillones, se sienta.

Este perfil estaba en efecto bien afinado por el tiempo: aparentemente, su dueño carecía de adiposidades y alopecias. Este perfil tenía un aire en cierto modo profesoral, anglosajón, de postrimerías de galán de los cuarenta.

Andrés Choz se frotó las manos sin ninguna justificación, volvió por fin a ti la jeta, dijo:

—No, hace unos días que no la veo, por eso vine.

Seguía frotándose las manos. Es que hacía algo de frío. Tú metiste las manos en los bolsillos y apretaste los brazos contra el cuerpo. Pero eras incapaz de decir nada porque aquel nuevo aspecto de la cuestión te sorprendió bastante. Al fin, sacaste una mano del bolsillo y apartaste la pipa de la boca, pero sin decir nada.

¿Sabes dónde puede estar?, pregunta Andrés Choz.

No, dices después de un instante, además tenías una hebra de tabaco en la lengua y la escupes; no, creía que estaba contigo, salió después de comer, estará dando un paseo.

Entonces hay en el rostro de Andrés Choz un claro gesto de desaliento: al tiempo que hablabas, sus ojos han ido del traje de baño de Teresa, colgado a secar, hasta las dos tazas con posos de café que han quedado sobre el cajón que hace de mesita.

Estás a punto de preguntarle: pero qué pasa. Porque tú tampoco sabes nada de la nueva actitud de Teresa, de este alejamiento que Andrés Choz te confiesa y que le ha traído hasta aquí y le pone esa cara de pesadumbre. Pero continuas fumando en silencio.

Andrés Choz ha apartado la mirada, toma la revista del suelo, dice:

—Todavía anda rodando por ahí esta revista.

La hojea, una foto de Darwin, chistes sobre consejos de administración.

Ya puedes llevártela, le dices.

¿La leíste?, pregunta él alzando el descolorido ejemplar.

No, contestas, la leyó ella, yo no tengo tiempo.

Digo la carta, dice él y tú preguntas: cuál.

Me refiero a la carta de que hablábamos aquella vez, la polémica sobre el papel del autor, de la novela, todo aquello, explica Andrés Choz.

Que no, que no la he leído. Golpeas la pipa contra una pata de la tumbona: la brisa esparce las cenizas, alguna brasa se deshace en chispas.

Andrés Choz dice: así, sin gafas, pero comienza a leer el texto en alta voz. Su lectura es titubeante.

A poco le interrumpes:

—Me da igual, oye. Perdona. Será una chorrada seguro, pero a mí esa problemática me da lo mismo, no me interesa lo que opine ese tío.

Te has enderezado, te calzas las sandalias, te levantas, añades:

—Me vas a perdonar pero estaba trabajando, tú haz lo que quieras, espérala aquí si te parece. A cenar vendrá seguro porque no me dijo nada de no venir.

Luego entras en casa.

Te sientas ante tus papeles, intentas concentrarte de nuevo en el trabajo.

Pero ha sonado fuera la voz de Andrés Choz, que dice tu nombre:

—Armando.

Es un pesado. Le contestas paciente: pasa, pasa, estoy en la cocina, todo seguido.

Entra y descubres también que no puede tener las manos vacías: ahora toma un libro cualquiera de la mesa, lo palpa, lo soba. Por fin, dice:

—Es por Teresa. Te contó lo de nosotros, verdad.

Tú asientes.

Es una situación desagradable, dice Andrés Choz, pero debemos ser racionales.

Es un poco redicho. Tú dices en seguida: por supuesto. Pero de pronto estás ya harto del vetusto caballero y además estas cosas casi es peor explicarlas. Y sigues:

—De todas maneras me parece algo tan absurdo que no acabo de creérmelo.

Ya, exclama Andrés Choz, y sigues:

—Creo que yo he tenido algo de culpa, está un poco nerviosa, parece que tú estás bastante jodido, se lo dije, y que no creo que esto la beneficie nada a ella, todo lo contrario.

Ahora te has reclinado hacia atrás en la silla hasta conseguir un equilibrio difícil, y terminas:

—Allá vosotros, allá ella, y tú y tu responsabilidad.

Qué odiosas son las conversaciones de este jaez.

Mi responsabilidad, dice Andrés Choz.

Entiéndeme, añades en los inicios de un rubor bastante insólito, humana, qué se yo, ¿no es cierto que estás enfermo?

Ah, ya, exclama Andrés Choz.

Es una persona que se alucina con facilidad, dices, además no tienes derecho, tú pareces un tipo inteligente, no sé si está claro.

Andrés Choz no contesta. Casi te arrepientes de habérselo dicho pero qué coño, estas escenas son vomitivas, ya que quería hablar pues hablado está.

Dices otra vez: perdona; vuelves la silla a su posición normal: escudriñas entre el montón de papeles; dices: lo siento.

Andrés Choz se levantó y se fue sin haber dicho nada.

Y ya se extinguieron los rescoldos de tu mortecino afán estudioso. Este tío es decididamente un aguafiestas. Te levantas y sales otra vez fuera de la casa. Ahora la tarde se ha ensombrecido: las ráfagas de viento son más poderosas y frías, siguen moviéndose las hojas apergaminadas de la revista y tú le das un puntapié, todavía con ganas de rollo literario, estos viejos liberales eran unos hombres realmente curiosos.

Y llueve ya pero es esa lluvia racheada, salpicada, que llega en sucesivos latigazos, así que entras en casa otra vez y coges algo para leer porque está visto que no hay tesis que valga.

Y estabas metido en la lectura cuando oíste sus voces fuera.

Están en el pequeño porche: han debido llegar corriendo.

Ella se sacude el pelo, él jadea y tose. Se han sentado en los sillones.

Estoy empapada, dice Teresa.

Andrés Choz se había quitado el jersey y lo agitaba en el aire.

Bien me has hecho correr, dijo, cómo estás tan huidiza.

Ella se levantó sin contestar.

Qué te pasa, mujer, dijo Andrés Choz.

Corrí porque llovía, dijo ella.

No digo eso, repuso él.

Ella: yo qué sé, sigo rara, no tengo ganas de hablar con nadie.

—Me extrañaba no saber nada de ti, estaba preocupado, pensé que tal vez te pasaba algo.

Andrés Choz se puso el jersey otra vez.

Qué me iba a pasar, dijo Teresa. Y Andrés Choz yo no sé, que te habías puesto enferma.

Entonces apareces y dices:

—Buen chaparrón. Estás empapada, cámbiate.

Se quedaron ambos en silencio y al fin ella te miró y comentó:

—Ahora son las mareas enormes, casi no se veía agua, sólo arena, arena y gaviotas.

Hala, ponte seca, dices. Y a ver si luego me puedes pasar unas cosas a máquina.

Andrés Choz, que se había levantado también, la tomó de un brazo. Necesito hablar contigo, le dice.

—Ahora no puedo, Andrés, no estoy para nada, de verdad, no estoy para hablar.

Pero él: por favor, sólo un rato, dime cuándo, un rato.

Vais a coger una pulmonía, dices tú y vuelves a entrar en la casa, pero les oíste:

Bueno, contestó ella, mañana. Y él: dónde. Y ella: en la playa. Y él: cuándo. Y ella: por la tarde, por donde el merendero, después de comer.

Y entró en la casa.

CAPÍTULO NOVENO

Los descubrió a última hora de la tarde, cuando el calor amainaba y las sombras del bosque se llenaban de opacidad.

Estaban sentados junto al torrente: Asunción metía en el agua sus pies descalzos, Mateo cortaba un pedazo de hogaza.

El ruido del agua cubría las palabras de su conversación y él los contemplaba. Encaró el arma y les apuntó sucesivamente, disfrutando de encontrarlos tan indefensos, tan ajenos al hecho de que su escapatoria era ya imposible. Charlaban creyéndose todavía libres, todavía dueños de sus pasos y de sus conductas.

Esperó a que terminasen el refrigerio, pero cuando se pusieron en pie ya bajaba hacia ellos, ya sólo le separaban de los dos diez, ocho pasos. Por fin salió de la espesura y les interpeló con grandes voces.

Tantas horas de persecución le habían quitado el último resto de aquella pena profunda de cuando les oyó en la casa: sólo quedaba el rencor esplendoroso, la indudable alegría de tenerlos bajo la amenaza del arma.

(También estaba lejos de aquella torpeza de animal herido que le había venido cuando lo supo, cuando la pesadilla nocturna se hizo carne y hueso: aquella desesperada emoción que le había hecho casi desvanecerse y empujar en su titubeo los aperos, un cedazo, una escalera. El susto todavía le había atontado más y no pudo apercibirse de que Mateo había llegado y se arrojaba sobre él, habían forcejeado, al fin quedó Mateo sentado a horcajadas sobre su cuerpo y apretándole la garganta con las manos.)

Porque ahora es él quien les sorprende a ellos, ahora les ha atrapado, ahora es él el cazador.

—Quietos.

En Mateo y en Asunción fulgura un mirar evidentemente triste: un mirar que hace aún más sabroso este momento, aunque el sabor del triunfo tenga un ácido regusto, el amargor de la rabia. Pero han transcurrido solamente seis horas y sin embargo cuánto tiempo, cómo las penas hacen multiplicarse los minutos, de qué modo los hacen alargarse como si pasasen años, lustros, inmensidades de ira. Y de qué modo el amor se vuelve desamor y todo cambia rotundamente.

—Pensabais que no os alcanzaría, ¿eh?

(Después de salir de la habitación y arrojarse sobre él, Mateo había apretado su garganta con furor: ella se había acercado a Mateo y le había sujetado de la ropa. Por Dios que lo matas, pero Mateo había seguido apretando y murmuraba: hay que irse. Pero déjalo ya, insistía ella. Trae el zurrón, ve por mis cosas, vamos, decía él, y ella se señalaba la ropa, abría los brazos: pero así. No hay tiempo para nada, había dicho Mateo, y había soltado el cuello del otro, que extraviaba los ojos. Luego desprendió la correa de unos arreos y le había atado los brazos.)

Ahora está aquí delante sin ataduras, el fusil apretado en las manos, un torvo mirar, una mueca de odio en la boca.

—Zorra.

No encuentra insultos suficientes para avasallar esa palidez, la tristeza de ese rostro dulce.

—Vamos, andando, y cuidado, no sabéis las ganas que tengo de pegaros un tiro.

(Cuando ella había vuelto con las cosas su marido estaba en el suelo y Mateo se había sacudido el polvo de las ropas, dijo vámonos y ella colocó unas arpilleras bajo la cabeza del hombre inconsciente. Salieron rápido: el mediodía lo impregnaba todo de sol y de silencio, las montañas estaban envueltas en una bruma lechosa.)

Asunción observa el rostro congestionado de su marido, un rostro lleno de arrugas desconocidas, en el cuello todavía las huellas de las manos de Mateo.

Él sacude enérgicamente el arma, grita:

—Vamos, he dicho.

Y empiezan a subir monte arriba, delante Asunción y Mateo, detrás él. Y verles las espaldas tan próximas le encabrita otra vez el ansia profunda de disparar sobre ellos, de golpearles siquiera.

—No sabéis las ganas que me dan.

(Recuerda las manos del otro en su garganta, el ahogo, la pérdida del sentido que es como si la luz se fuese apagando poco a poco. Ya no estaban cuando recuperó la conciencia y pudo al fin incorporarse. Salió al sol. Aunque tenía prisa por iniciar la persecución no quería llegar al Puesto con la ignominia de aquellas ligaduras y forcejeó intentando aflojarlas. Miraba a lo lejos, buscaba una pista que encaminase luego sin error su rastreo. Logró al fin desprenderse de ellas. Le pareció ver un bulto por donde la vaguada del Galgón. Tiró al suelo la correa. Sin duda eran ellos, era ella. La ruta más larga, la más abrupta. La peor para vosotros, pensó. Murmuró: ya veréis y se encaminó corriendo al Puesto. Informó brevemente. Salió en seguida, armado y en pareja con el marido de Poncia.)

Ahora les ordena detenerse y llama al compañero.

—So, quietos. Braulio, Braulio.

Se oyó a lo lejos la voz del otro guardia.

—¿Los viste?

—Los vi, sí, los vi.

—¿Por dónde?

Lanza una carcajada trémula como un sollozo.

—Aquí mismo, hombre, los cogí, los tengo, aquí los tengo .

—¿Dónde estás?

—Baja, más abajo, cerca del agua.

Estaban los tres quietos.

Sus sentimientos contradictorios despertaron en el Hermano Ons una inquietud monstruosa.

Había asistido al devenir de los acontecimientos de la jornada: a los tumultuosos sentimientos del marido de Asunción, desde la desolación al odio; a la malignidad de las mujeres del cuartel, que estalló en comentarios oscuros al saber la nueva y se prendió en grandes llamas de glorioso y satisfecho desprecio; a la angustia de Asunción y de Mateo en su huida por las ásperas trochas.

Pero ahora, al sentir vibrando aquel rencor y aquella tristeza, le vino una intención que demostraba hasta qué punto había sido dañado por este mundo: se le ocurría intervenir para facilitar la huida de Mateo y de Asunción.

Sería apenas un gesto: paralizaría las voluntades de los guardias sin ninguna violencia, haría que quedasen inmóviles y absortos y los otros podrían alejarse, seguir el camino hacia alguna parte en que pudiesen por fin comunicarse plácidamente su afecto.

Y la posibilidad de actuar de aquel modo era viable y lógica: como cuando infringió la Norma por vez primera y salió de la Máquina, todo seguía igual a su alrededor, y nada extraño dentro de él denunciaba la pretendida anormalidad del juicio.

Pero sus consideraciones se vieron interrumpidas, porque de pronto se había manifestado en Mateo una decisión inesperada, una decisión más rápida que el pensamiento del propio Hermano Ons: estas eclosiones súbitas, que participaban tanto del automatismo irracional, hacían aún más fascinante el comportamiento de sus protagonistas. Entonces era casi imposible contemplarlos como objetos de estudio y vigilancia: su actuación adquiría una fuerza difícilmente soslayable, capaz incluso de destrozar la sincronía de conciencias superiores: Mateo se había tirado al suelo y buscaba su arma en el zurrón.

Pero el marido de Asunción, actuando también con rapidez instintiva, disparó contra él, cargó y disparó otra vez.

El cuerpo de Mateo giró sobre sí mismo hasta quedar inmóvil.

Asunción lanzó grandes gritos, corría hacia su marido. Pero él volvió a ella el arma y disparó de nuevo, ya que la súbita sangre había hecho rebosar su ira y ya no era dueño de su feroz resolución: así se desbordaba lo irracional y hacía bestiales los comportamientos que, de otro modo, cuando participaban de alguna manera del resabio inconsciente sin perder el Conocimiento, eran los más luminosos, los más rotundos.

Pero al mismo tiempo que él disparaba contra Asunción, el Hermano Ons saltó sobre él, cayó en su espalda: también su decisión había chispeado de pronto como una luz más rápida que la de las estrellas, como un latido más poderoso que el de la Madre palpitante.

Y al caer el perro sobre el marido de Asunción, hubo un rayo que hizo brillar el cañón del arma y estallar las municiones: un rayo que envolvió al hombre en una tremenda llama antes de abandonarlo abrasado.

Luego, los tres cuerpos estaban inmóviles en el suelo.

Los de Asunción y su marido sólo albergaban silencio. En el de Mateo quedaba todavía una lluvia confusa de pensamientos cada vez más débiles: era una hora buena para bañarse en el río, tenía que descansar antes de levantarse, dónde se habrá metido Asunción. Y luego tuvo mucho sueño y todos los pensamientos se oscurecieron hasta formar un solo flujo en que brillaban rostros o chispas, nubes, desvaídos pedazos que no construían ninguna forma comprensible. Por último, le llenó la oscuridad de la muerte.

Es de noche.

Mateo, Asunción, el marido de Asunción, ya no están en ningún sitio: sólo quedan los cuerpos que sustentaron su conciencia, con los ojos inmóviles, mientras los insectos llegan hasta ellos atraídos por la gran masa alimenticia.

El Hermano Ons capta la vibración de estos insectos y de toda la vida inconsciente que le rodea. Pero su percepción ya no le produce ningún regocijo, ningún interés.

Capta también unas palpitaciones vivas en los propios cuerpos muertos: pero son la caricatura de las palpitaciones reales, son las palpitaciones finales con que el armazón se autodestruye para incorporarse al detritus telúrico.

El Hermano Ons, horrorizado de aquella ausencia y en la congoja que le produjo la consideración de su gesto destructor, se desgarra en innumerables fragmentos doloridos, rueda por un vértigo en que no es posible reposo ni consuelo alguno.

(Once)

El viento se encrespa en súbita tremolina y en el medio danzan papeles y hojas. El merendero está cerrado y la playa vacía. Allá, la mole de los montes que para los abuelos ancestrales suponían bestias salvajes y maraña y fin del mundo, hasta que alguien consiguió hacer un poblado más cerca, porque habría más comida a lo mejor. Cuántos siglos y cuántos poblados hasta cruzarlos y pasar al otro lado. Y hoy no es distancia ni andando.

Pero en esta inquietud uno es incapaz de la más exigua filosofía: los sentimientos son una espesa cortina que tapa la razón y la ahoga: por ejemplo, los capítulos escritos los días pasados o el del insomnio de anoche.

La desazón sentimental ha interferido de tal modo en la tarea literaria, que son obvios el aluvión de situaciones forzadas y la petrificación de las figuraciones en sedimentos sucesivos. Ninguna acción protagoniza el decurso del relato, sino que todo él está hecho de pequeñas acciones más o menos conexas, que pugnan por hacerle llegar al último folio, por sobrevivir.

Y es que le desazonó intensamente la falta de noticias: tantos días sin saber nada de ella, ignorando la causa del silencio y del distanciamiento. Había pensado en alguna indisposición pero ayer resultó que ella andaba por ahí tan tranquila.

Éstos eran los pensamientos de Andrés Choz mientras observaba el sendero para verla llegar.

Pero cuando ella vino, Andrés Choz se había distraído en la contemplación de la mar gris, casi negra.

—Hola, Andrés.

Él se sobresaltó, sonrió luego:

—Pendiente de verte y me despisto. Estoy bueno. Siéntate.

Ella no se había acercado mucho: estaba más allá del cañizo, sobre la arena.

—Preferiría andar, hace fresco para estar quietos, por lo menos para mí.

Él se puso de pie y fue al lado de ella.

—¿Vamos por arriba o por la playa?

Ella inclinó la cabeza y echó a andar, diciendo:

—Vale, mejor por la playa.

Fueron en silencio un trecho: absortos en la caminata sobre la arena suelta, que requiere pasos esforzados. Luego comenzaron a andar paralelos a la orilla. La mar se agitaba en oleaje fuerte y sonoro. Andrés Choz miró la raya de la mar, la señaló:

—Qué grandes estas mareas.

Teresa se detuvo.

—Andrés, pasado mañana nos vamos Armando y yo.

De pronto, Andrés Choz fue consciente de los signos invernales, del galope de los nubarrones, supo que el estío quedaba ya del otro lado, que estaban abiertas las puertas del frío.

—Bueno, mejor, sólo quería decirte que estuvieses tranquila.

—¿Te parece bien?

Él se detuvo, revolvió en la arena con un pie:

—Anoche lo pensaba, últimamente he dormido muy mal, he utilizado la novela para olvidar, como dicen del vino, pero anoche mientras escribía, toda la noche, y estos días pasados sin saber nada de ti, pensaba en ello, así de tenebrosos son los capítulos, me daba cuenta de ello. Unas pocas palabras con tu novio ayer me decidieron.

Y sin embargo ahora ella ha zanjado la cuestión de un solo tajo: nos vamos pasado mañana. Andrés Choz se calla bruscamente. Ella espera:

—Y qué.

Desconcertado, pero lo intuía. Dice, por decir algo:

—Qué iba a ser, lo mismo, eso, que adiós.

—Ah, ya.

Bendita inocencia: no hay en ella el mínimo disimulo: se distingue una sutil viveza bajo la mueca seria. Y Andrés Choz continúa hablando, dice lo que ella quiere oír:

—Que esto era una estupidez, que no tenía sentido, que siguieses con ese chico.

Ella sonríe, le toma de una mano.

—Cómo me alegro, Andrés.

Se la ve aliviada. En la vigilia, Andrés Choz no preveía que su asunto fuese para ella de tal modo cosa juzgada, de tal manera decidida sin más, sin consulta alguna, sin explicación. Disimulando la rotunda decepción, dice:

—Así que tú también lo pensabas.

Ella aprieta su mano como en el fervor de otro sentimiento:

—Sí. Estaba llena de dudas desde el principio. El otro día en el hotel le daba vueltas y vueltas. Aquella misma noche me decidí.

Llueve, pero Andrés Choz no se inmuta. La otra noche en el hotel y transcurrieron varios días mientras él imaginaba alguna indisposición.

—Lo pensaste y no me decías nada. Ibas a cortar sin más ni más.

Ahora ella tira de su mano y dice:

—Está lloviendo.

La otra noche en el hotel y Andrés Choz había creído que era una noche satisfactoria.

—Así, por las buenas.

Ella ha soltado su mano y le mira con sorpresa, pero habla conciliadora:

—Llueve mucho, Andrés, estaba muy confundida, sin saber muy bien qué hacer, vamos a acercarnos más a las rocas.

A los pies del acantilado hay varias cuevas. La más grande les sirve de cobijo mientras la lluvia arrecia hasta difuminar completamente la vista del mar, aunque el fleco de una ola, una manta de espuma, resbala rápida y se acerca.

—Entonces, si yo no te busco te hubieras ido sin decirme nada.

Ella no contesta. Se ha sentado sobre un saliente rocoso y escarba en la arena con una palita que alguien perdió.

—Sin decirme nada: ¿dejándome adivinarlo? ¿para que lo adivinase?

Ras, ras, ras: un diminuto agujero en el que aflora de inmediato agua.

—Qué iba a decirte, no quería hacerte daño, ni hacérmelo. Temía que iba a ser más difícil.

Curiosa imagen la que la chica tiene de Andrés Choz, piensa él, pero no se sorprende de verificar que casi nada es común a ambos.

—Pero cómo crees que soy yo, qué idea tienes de mí, pensabas que me iba a echar a llorar o qué.

—No era eso, me daba pena.

—De mí.

—No, qué sé yo, de que se hubiese desvanecido todo así, de cualquier modo.

Estos días temiendo por la salud de ella y sólo era que había decidido terminar y despedirse a la francesa.

Andrés Choz mueve la cabeza de un lado a otro sin decir nada, ella tira la pala y se sacude la arena de las manos .

—Hay que ser razonables, no te quedes ahora así, qué más daba, es que valoras tanto esos formalismos, lo importante era lo otro, yo andaba por ahí pensando en ello y lo veía cada vez más disparatado.

Un golpe de agua se arrastra hasta la entrada de la gruta. Teresa se pone de pie, mira al exterior.

—Habrá que irse.

Andrés Choz no responde. Se había sentado también y continúa en la misma postura, inmóvil. La muchacha se inclina junto a él.

—Hay que ser razonables, Andrés, no te quedes así, no era nada, no era lógico, no tenía pies ni cabeza, era pura compulsión.

Si fuese adolescente lloraría acaso. Sin embargo, la edad no le ha quitado el regusto del drama. Dice:

—Era una historieta deforme.

Pero ella no está de acuerdo:

—No digo eso, a ver si me comprendes, no lo vayamos a poner difícil ahora que ya pasó.

—Una historieta deforme y lamentable, Teresa.

Ella se aparta los cabellos del rostro, busca argumentos:

—No, era sólo pura compulsión, lo que te dije, no estábamos normales ni tú ni yo.

Viene a las mientes de Andrés Choz una constelación de poemas quevedescos, de personajes galdosianos y zarzueleros:

—Una historia ridícula de viejo y moza.

—Era muy complicado, piénsalo, ya verás cuando me haya ido, en poco tiempo te parecerá que no pasó nada.

Pero la evocación encrespó el dolor, encarnizó el drama:

—Además qué más da, yo también me voy pronto para siempre.

Teresa hace un gesto instintivo con la cabeza, como esquivando un golpe, y su voz se endurece:

—No te pongas así, no saques las cosas de quicio.

—Era un esperpento.

Ahora ella encuentra por fin argumentos para su convicción:

—Y no podía seguir oyéndote continuamente eso, lo mismo siempre, me ponía enferma, tenía los nervios de punta, perdóname pero me deprimías, me asustabas.

—¿Te deprimía?

Pero ella es piadosa.

—No por nada, por no poder ayudarte.

—Yo no te pedía nada.

—Yo no puedo ayudarte, Andrés, no comprendes, aunque quiera.

—Nunca te pedí ayuda.

Ahora ella no contesta. Sus ojos están húmedos. Le mira, pero aunque están tan cerca su mirada viene desde muy lejos. Andrés Choz se aferra al diálogo.

—¿De verdad te daba miedo?

—Yo no digo que me dieses miedo, me desmoralizabas, me amargabas.

Pero el diálogo discurría ya sin esperanza.

—Nunca te pedí ayuda, guapa, cómo no voy a saber que no puede ayudarme nadie. Puedo ser tu padre.

Teresa recuperaba su reposado decir:

—De verdad que te pones muy sombrío, te pones terrorífico y yo lo rumio, lo rumio, no podía soportarlo más, te digo.

Al fin y al cabo tampoco es una púber.

—Ni un esperpento, aquí no hay más que un viejo verde bastante cascado y una señorita compasiva.

Ella le miró y dijo rápido:

—No es por la edad, Andrés.

—Qué va a ser un esperpento, aquí no hubo grandeza de ningún tipo.

Ella seguía mirándole e hizo un gesto desalentado:

—Bueno, yo me voy.

—Márchate, venga. Como que yo no sabía que era descabellado. Te crees que a estas alturas voy a vivir novelas. Qué le vamos a hacer.

Teresa se sacude la arena de las piernas.

—Tu obsesión me hacía daño, aunque tampoco eso era decisivo, Pero te prometo que la edad no tiene nada que ver, nada físico, cómo puedes pensarlo, no me conoces .

—De todos modos esto no es contagioso.

—No debes decir eso, no es esa historia de viejo y chica.

—*Os vellos non deben de namorarse.*

—Qué dices.

—Nada, da igual, literatura, y tampoco es cierto.

Una ola trae el agua hasta ellos, sorprendiéndolos. Contemplan la boca de la cueva, por donde penetra una nueva ola cubierta de espuma. La ola ruge, golpea las paredes. Teresa pone una mano en la espalda de Andrés Choz.

—Anda, vamos a salir de aquí.

Andrés Choz sacude los hombros y Teresa aparta la mano.

—Vete, yo me quedo un rato.

—Qué rato, mira cómo está subiendo.

—Creí que te subyugaba la contemplación de la naturaleza.

Un regocijo malsano: el verse en la mirada de ella como un desconocido.

—Déjate de bromas, cada vez va a ser más difícil salir.

Pero Andrés Choz está rebosante de acidez.

—Yo me quedo.

—Cómo que te quedas, esto se va a poner peligroso.

—Cuando el agua lo inunde todo tendré la oportunidad de un final rápido, bastante trágico dentro de lo que cabe, seguramente poco doloroso, en todo caso misterioso, digno.

—No seas ridículo, vamos fuera.

—Será una vuelta al amnios primordial, al genuino sabor de los principios, será como empezar otra vez, y además mejor que te coman los cangrejos que pudrirse en un nicho, entre flores de plástico.

El agua cubre ya las pantorrillas de Teresa, arrastra la palita. Teresa recoge su bolsa.

—Qué asco, se mojó.

Luego agarra de un brazo a Andrés Choz e intenta levantarle. El ruido del agua le obliga a alzar bastante la voz.

—Vámonos, ven.

Andrés Choz se levanta, pero separa la mano de ella con ademán enérgico.

—Vete tú, ya te dije que te vayas, márchate.

Y la empuja hacia el agua, que llega ahora a los muslos de la muchacha.

Ella le mira y comienza a salir, apoyándose en las paredes húmedas. Dos olas sucesivas y violentas están a punto de arrastrarla y otra le golpea contra la pared.

Andrés Choz grita:

—Vete, sal de una vez, cuidado.

La muchacha bracea denodadamente en el remolino de la entrada de la gruta, por donde penetra una corriente impetuosa. Ha perdido la bolsa y el cabello se le desparrama sobre los ojos. Traga agua, tose, piensa que se va a ahogar.

La muchacha continúa nadando y rebasa lentamente las rocas, intenta rodear el recodo del acantilado que la separa de la playa. No hay que ponerse nerviosa. Lo peor ha pasado. Hasta que consigue poner los pies en el suelo.

Una ola la envuelve, la arrastra sobre la orilla.

Teresa sale penosamente, vomita, inicia una carrera frenética gritando socorro, siente la ropa colgarle entre las piernas como un pesado fardo.

Una bandada de gaviotas levanta el vuelo mientras ella atraviesa la playa desierta y se encamina, corriendo y pidiendo ayuda a gritos, al sendero que sube entre los árboles.

Andrés Choz ha reculado hasta el fondo de la gruta.

El agua le golpea las rodillas y Andrés Choz piensa que tiene fuerza el puñetero, que sin duda coge más fuerza al entrar en este embudo, según alguna ley de imposible recordación, alguno de los principios físicos inculcados en la tierna mocedad por Don Avelino alias Medio Huevo.

—Estás bravo, ¿eh?

Ahora llega desde la entrada una luz mezquina y sólo la superficie del agua arremolinada conserva cierto brillo grisáceo: todo lo demás es negrura.

A Andrés Choz se le ocurre que se va a ahogar aquí dentro, que ésta no la cuenta, que de ésta no sale.

Un empujón más poderoso le hace perder el equilibrio y golpea su espalda contra la roca. Andrés Choz lanza una exclamación de dolor, porque le ha hecho daño, y de súbito le invade un sentimiento decidido de aversión por esta oscuridad helada, por este agua invisible que ruge con el eco de una carcajada.

Piensa que se va a ahogar y grita:

—Que me voy a ahogar.

Y entonces intenta avanzar hacia la salida.

Pero ya es imposible conservar el equilibrio y Andrés Choz se sumerge, percibiendo en todo el cuerpo el frío del agua, como la aseveración de que no se trata de un suceso imaginado sino verdadero, de un suceso protagonizado por él, y mueve violentamente sus brazos y sus piernas, se debate inerme contra el empujón del oleaje negro que le oprime, le sacude, le raspa contra la piedra.

No voy a poder, piensa, no puedo.

Avanza algo, lucha contra los embates poderosos, pone toda su energía en dar brazadas ineficaces que ayudan al mar a machacar sus codos contra la peña.

En este trance imagina la serenidad de su cuarto, una carta a Gordo ya en el sobre con sello y todo, la novela aún sin terminar siquiera esta primera redacción. Con la lluvia olerá estupendamente el jardincín. Un paseo después de cenar y una copita.

Piensa: no puedo ahogarme aquí como un imbécil, morir sin más ni más.

Sin acabar la novela, ni saber cómo termina César Cascabel, ni fumar un pito.

Tiene que salir, pero un nuevo golpe de agua lo arrastra otra vez y la salida vuelve a ser una estría de luz débil que desaparece intermitentemente entre lo negro mientras Andrés Choz continúa braceando en lo hondo de la oscuridad, en lo hondo del frío.

CAPÍTULO DÉCIMO

(Doce)

... habrá pasado algo de tiempo: por ejemplo, puede quedar algún resto negro de sangre en la tierra, las hierbas holladas cicatrizan, llegó el frío, los árboles empiezan a pelar: él permanecerá oculto entre el reposo del bosque otoñal, cerca del lugar donde hubo las muertes: estará en plena crisis: por el final de Mateo y Asunción, pero sobre todo por haber sido él mismo asesino del marido de Asunción: para un Hermano esto significa interferencia con todas las agravantes, eliminación de Conocimiento, la mayor de las barbaridades: para el Hermano Ons deberá ser la quiebra definitiva, seguro que nadie hizo nunca en el Pueblo algo semejante: ha quedado enfermo de horror, aturdido, estupefacto: pero ahora sale de la estupefacción inicial, comienza a ser capaz de ordenar su pensamiento, capaz de recapacitar, en su mente se perfila una decisión, aunque es preciso sopesarla minuciosamente: ya que se propone desaparecer, suicidarse.

Abres los ojos y ahí está Benilde enlutada, tu abstracción era grande ya que no la oíste entrar, te distraía tu obsesión y también el canto estrepitoso del pájaro.

Qué hay, Benilde.

Ella suspira: ay Dios; pregunta luego: ¿cómo se encuentra?

Muy bien, bárbaro, a poco no la veo más pero aquí me tiene dando guerra.

Ay Dios, exclama otra vez, los disgustos parece que vienen en sartas, todavía me tiemblan las piernas.

Acerca una silla, se sienta.

Todavía me parece verlo a usted cuando lo trajeron, lo estoy viendo, creí que venía cadáver, Dios me perdone, desmadejado, y con aquella palidez, chorreando, muerto viene, me dije.

Y se queda como enajenada, una leve sonrisa en los labios y las manos juntas. Un escaso mechón se le ha escapado del moño y le cuelga en mitad de la frente.

Pues ya ve usted que hubo suerte, porque no crea, yo también me vi en el otro barrio, se conoce que no era mi hora.

Luego le preguntas por su hermana.

Benilde sale del pasmo y suspira, esa pobre sigue llora que llora, y yo le digo ya puedes llorarle, ya, y ya puede llorarle, que no habrá lágrimas bastantes para ese hombre, tan formal, tan cumplidor, él lo daba todo por su familia, desde mozo se le vio la buena pasta, a mí me cortejó primero, sabe usted, pero cuando somos jóvenes, ay, la juventud no sabe lo que tiene, no sabe lo que quiere, además era de menos edad que yo, y total para que se te muera así de cualquier modo, cuando ya tenía los hijos criados y podía disfrutar como el que dice.

Saca el pañuelo y se suena, los tristes ojos se habían empañado, con el pañuelo sale la postal de Julita.

Ya me olvidaba, ya se me olvida todo. Te la alarga.

... «es *la última antes de irnos, abuelito, mañana volvemos a casa, cuando vuelves tú, qué tal lo pasas...*»

Y le dices: ya empezará a irse la gente, Benilde, ya pronto desfilarán los veraneantes.

Ella guarda el pañuelo: pues sí, ya se está terminando la temporada.

Y se quedan ustedes tranquilos, eh Benilde, qué tal aquí durante el invierno.

Pues puede usted figurárselo, esto en invierno está muerto del todo, hasta otro año aquí quedamos los de siempre, cada vez menos, aquí no hay vida ninguna, no hay gente joven, ya sabe usted.

Tú comentas: yo también tendré que ir pensando en hacer las maletas.

Ella exclama: usted qué prisa tiene, usted a reponerse, cómo va a marcharse con lo que ha pasado.

Pero yo tengo trabajo, mujer, no crea que puedo andar mangándola, que no soy ningún rentista.

Ande, ande, y se levanta, ya se irá cuando esté bueno del todo, le estoy preparando un caldo que se va del mundo, ya verá, ya, qué ganas de trabajar ni trabajar, la salud es lo primero.

Habías olvidado otra vez y recuperabas la responsabilidad laboral pero qué diablos, tiene razón Benilde, y casi te ríes, la salud es lo principal, la convalecencia es sagrada.

Benilde se ha ido y te vuelves, cierras los ojos, gozas con todo el cuerpo del tibio regazo del lecho.

... para desaparecer como pretende son necesarias meditaciones y análisis extremadamente meticulosos: porque al fin y al cabo, desaparecerá para siempre como Hermano Ons y reconvertirá toda su estructura física en la de un hombre auténtico, un hombre de carne y de sangre: ése es el peregrino sistema que elige para destruirse; es en efecto una especie de suicidio, aunque esta idea concreta de suicidio no concuerda con lo que primeramente imaginara y Julia apoyaba: que, fascinado por la insoslayable cercanía de la raza humana, culminaría su aventura transformándose en un hombre, pero engalanando el asunto con ornatos de solemnidad humanista y existencial, especie de rito zaratustra al revés y en ningún caso acabamiento, autodestrucción, necrofilia: pero cómo pensar que alguien eligiese la temporalidad efímera frente a la temporalidad infinita y esto pudiese colar como gesto positivo e inteligente: un suicidio con todas las de la ley: o a lo mejor sí concuerda, porque sea cual sea el motivo, y acaso convenga no hacer hincapié en el aspecto maníaco depresivo, el hecho es que va a transformarse en un hombre y no sólo en su apariencia externa, al explicar esto hay que ser muy exacto, que quede bien claro, porque cuando fue perro sólo lo era para los demás, en realidad seguía conservando su estructura física original, genuina, en cambio ahora va a remodelar esa estructura, a utilizar su sustancia para hacer un hombre tan vulnerable y frágil como cualquier otro: en realidad podría justificarse la decisión por la poderosa influencia de los acontecimientos, esto no ofrece duda, ha quedado patente y remachada su náusea y su alteración cuando los sentimientos humanos se salían de madre, así el amor como el odio, sin embargo, por qué hacerle adoptar aquella resolución, por qué no terminar de un modo más ambiguo y abierto apartándolo definitivamente del humano trajín e imaginándolo inmóvil en larguísimo sueño esperando el rescate de los Hermanos: y sin embargo, no, algo cardinal hubo de quebrarse sin remedio en él, algo tan principal que ningún aislamiento y ningún sueño podrían devolverle la serenidad de su transcurrir sobrehumano: debe suponerse que el ritmo a que se ajustaba su existencia ha sido roto, que se ha visto encadenado, aherrojado a la percepción del tiempo humano: que con arreglo a la sustancia vertiginosamente perecedera del tiempo humano ahora siente como los mismos hombres la miseria de estar solo y lejos: tiene que haber llegado incluso a replantearse toda su interpretación del universo, y cuando imagine a los Hermanos en su Ronda llegará a juzgar absurda la incesante vigilancia, absurda esa Máquina que no puede siquiera simular el poderío avasallador de la realidad: está realmente en crisis, su transformación significará decididamente un suicidio porque será pasar de una conciencia casi intemporal a una conciencia pasajera, mortal en corto plazo: y la profundidad de la crisis es todavía más manifiesta si se piensa en el modo irracional de suicidarse, ya que lo racional sería desaparecer sin más historias, estallar como un sol o emplear la energía de cualquier otro modo: incorporarse, ya de hacerlo, a cualquier forma de vida no inteligente, puesto que en el nuevo mundo de ideas que sin duda lleva consigo la crisis de sus creencias, estaría también la de que los seres, cuando carecen de la conciencia de existir, tienen un sentido inmediato: el de reproducir sin más, en la ignorancia del proceso, los esquemas con que la vida se organiza y permanece: así una espiga, semejante a la que engendra cada uno de sus granos, y el pájaro y el insecto que los devoran, semejantes a sus propios descendientes, están armoniosamente incorporados a la ebullición de la materia ciega, para ellos el tiempo no existe, están en el ciclo de la vida repitiéndolo y el ciclo, siendo perecedero, no tiene sin embargo principio ni fin: ignorantes de su papel, las espigas y los pájaros y los insectos tienen un destino mejor que los seres inteligentes, ya que la conciencia del existir individual, el conocer que la conciencia termina y desaparece, hace que pierda todo sentido la presencia de ella bajo el sol inconsciente, entre los animales y las piedras inconscientes; pero mejor soslayar toda esta doctrina, introduciría factores inéditos en la personalidad del Hermano Ons a unas alturas del relato verdaderamente improcedentes, además sería difícil de realizar, quedaría pretencioso lo más seguro, así que mejor no meterse en figuras porque, además, lo cierto es que puesto a elegir entre ser hombre o pájaro la cosa no ofrece duda, por muchos filosofemas con que se intentase aliñar, y no digamos nada de ser un insecto.

Abres los ojos, miras la hora, por qué esta obsesión, te preguntas, ojalá pudieses dormir o pensar con la misma placidez en otra cosa, la manía de la novela es una rutina en que tu pensamiento se distrae de las preocupaciones reales y además no se distrae tampoco del todo, porque las preocupaciones persisten por debajo de la fabulación.

Y total son escasamente cincuenta páginas, se te ocurre con una decepción bastante superflua, ya que nunca debiste pensar y nunca pensaste que fuesen más, pero habías evitado considerar detenidamente la escasez del material, si bien puede y debe entenderse que se trata de un borrador más o menos aproximativo, que con tiempo y silla aumentaría sus carnes.

Y te levantas para coger los folios y traértelos a la cama, setenta y tantos folios, un relato algo extenso, eso es todo, no hay que darle vueltas, tal como está el argumento no vas a poder hincharlo demasiado, de modo que desde el punto de vista de la longitud va a quedar una cosa que ni fu ni fa, impublicable autónomamente.

Pero prestas atención a las pisadas en la escalera porque Benilde ha gritado: don Andrés, tiene visita, ahí lo van a ver. Y colocas la carpeta en la mesilla, te tumbas, te tapas, te pones de lado y miras la puerta que alguien golpea suavemente.

Es Teresa, que dice: ¿se puede?

Adelante, contestas, y entran los dos. Y al verlos te incorporas.

Teresa se acerca, besa tus mejillas. Hola, Andrés. Y Armando estrecha tu mano.

Tú les dices: sentaos, que hay sillas.

Armando acerca una, pero Teresa se sienta en la cama. Y os quedáis en silencio los tres hasta que Teresa dice: venimos a despedirnos.

Cuándo os vais, preguntas.

Armando contesta: queríamos salir mañana a primera hora, es una paliza.

Teresa añade: y a ver qué tal seguías, ya nos dijo esa señora que mucho mejor.

Tú dices: gracias a vosotros, tú qué tal, y señalas su brazo vendado.

Unos raspones sólo, dice ella, son muy aparatosas las vendas, pero nada.

Le dices a Armando: qué te voy a decir, si no es por ti no estaría aquí ahora.

Armando se explica con su voz calmosa: se me ocurrió bajar por casualidad, estaba harto de trabajar, harto de papeles, tenías que haber oído los gritos de ella, eché a correr y en realidad gracias al salvavidas del merendero, lo agarré y subí por las rocas aunque tú ya estabas prácticamente fuera, no creas, si llegas a quedar dentro no hay quien te saque.

Tiene un moratón en la frente y lo señalas: te hiciste eso.

Ni me enteré, algún cabezazo.

Tú comentas jocosamente: el ahogado era yo y ni una señal. Y luego: me tenéis que perdonar.

Pero ellos no te miran. Añades: dejadme vuestra dirección, hay papel y bolígrafo en la mesa.

Teresa escribe.

Tú cuándo te vas, pregunta él.

Tú dices: no lo sé, pero pronto.

Él señala la carpeta y dice: la novela.

Tú respondes: es solamente un borrador ahora que lo pienso, la base del trabajo y nada más, qué difícil escribir, verdad.

Él asiente.

Y tu tesis, qué tal, le preguntas.

Eso, muy difícil, muy mal, a ver si este invierno...

Pocas palabras más y ya se despiden, se van; adiós, hijos, murmuras, y de nuevo te tumbas.

Sobre la mesa camilla y al contraluz difuso, en la penumbra acusada de esta hora, la lámpara tiene talante de medusa. El fleco de cristales serían los filamentos. Cierras los ojos y persiste la ilusión visual de la medusa un instante. Comprendes que la muchacha es ya sólo un recuerdo más del tiempo ido. La obsesión literaria acaba por imponerse otra vez.

... de modo que la irrevocable conciencia del tiempo humano será lo que le ha llevado a la definitiva desesperación, a la idea de extinción, de suicidio: en realidad habrá añorado de una manera tremenda el palpitar del Pueblo, la cercanía de los suyos, porque ahora sabrá que pertenecer a una comunidad de semejantes es la única medicina contra el vértigo de la soledad, que acaso no sea locura sino la mueca descarnada que descubre el Conocimiento cuando todos los telones han sido descorridos y uno queda cara a cara frente al caos de que es parte: sin duda si ahora estuviese de nuevo con los Hermanos les advertiría de todo esto, les enseñaría la podredumbre en que se han convertido Asunción y Mateo inteligentes y les diría: eso es todo; les diría: Conocer no es en principio motivo de regocijo, en nada se diferencian, cuando esa llama se extingue, los seres inteligentes de los otros, pero el mayor horror de la naturaleza es que en los seres inteligentes, durante su vida, ha vibrado la imaginación de lo inmortal, de lo infinito, de lo inconmensurable, aunque pensándolo bien la idea de que esa decisión sea suicida sigue sin estar de verdad tan clara...

Y de nuevo grita desde abajo Benilde: don Andrés, le voy a subir ya la cena.

Que no, mujer, que bajo.

Pero ella: allá voy, y no se mueva, que me enfado.

Sube y cuando entra (de todos modos te has tenido que levantar para abrir la puerta porque trae las dos manos ocupadas) te hace acostar, coloca la bandeja sobre tus rodillas, se sienta para verte cenar.

Te quemas con el primer sorbo de caldo.

Bien calentito, para que de verdad le entone.

Caldos maravillosos de Doña Balbina, teníais este sabor. Estabas en la cama y eras niño, con anginas acaso, y venía Doña Balbina a arroparte y traerte cuentos, enciclopedias, caldos como éste a media mañana, cuando tu modorra estaba envuelta en una calidez suave.

A que está bueno.

Bueno está, dices, sí que lo está, y soplas, bebes un sorbo de vino.

Vinieron a despedirse sus amigos.

Mueves la cabeza afirmativamente.

Ese chico sería guapo si se quitase esos pelos y esas barbas, porque tiene los ojos muy bonitos, aunque la juventud de hoy ya se sabe.

Ya, dices.

Se hicieron muy amigos, verdad. Si le contase lo que me contaron se iba a morir de risa.

Se sonroja.

Dígamelo, Benilde, cuéntemelo.

Que usted le estaba quitando la novia.

Tú sonríes también, la gente no sabe qué inventar, pues bueno estoy yo para andar de galán, eh Benilde. Eso sí que no, don Andrés, usted está hecho un chaval. Pero qué cosas se le ocurren a la gente, madre.

Ya has tomado la tortilla, ya terminas.

Que descanse, don Andrés, ahí le dejo agua bien fresquita y si quiere le pongo otra manta porque está refrescando.

Qué va, muchas gracias. Hasta mañana.

Cuando se ha ido te levantas y buscas un cigarrillo, lo enciendes, te sabe a gloria, ya la noche se ha extendido sobre los prados, fumas contemplando las luces de las casas desperdigadas en la oscuridad, total qué haces aquí, además ahora ya volverá todo el mundo, ya pasaron los calores, pronto empieza la temporada, puede que se avecinen fechas históricas como dice Gordo; terminaste el cigarrillo y vuelves otra vez a la cama, entras en un sopor gustoso y piensas en tu casa, y ahora, después de tantos días empapado en la idea del plazo fijo, en lugar de seguir recordando tus cosas como envueltas en una sombra que todo lo desvae o imprecisa, imaginas claramente los libros, los cuadros, los cacharros, los discos.

Qué placenteramente escucharías ahora una buena pieza retrepado en tu sillón. Y todas esas consideraciones te hacen pensar en la gente, cómo estarán los niños de Julita, Andresín habrá crecido mucho, seguro.

Pero al cabo los pensamientos encaminan nuevamente el rumbo hacia el último capítulo.

...sabiendo que va a desaparecer y cómo y cuándo, interpretará de modo diferente la temperatura, el viento, el inicio del sueño invernal en la fronda, los colores secos del matorral ribereño; pero mejor no detenerse en asuntos de ese tipo, sino determinar cómo va a ser el proceso de transformación: ésta puede transcurrir, transcurrirá, mientras el invierno lo cubre todo con su oscura melancolía: habrá que determinar también que la reestructuración de su energía debe convertirle meticulosamente en el amasijo de órganos de un ser humano común y normal, del ser humano que sería resultado de la larga cadena de combinaciones genéticas que es cualquier ser humano: también habrá que determinar su sexo: masculino parece lo mejor, porque seguro que se ha dado cuenta de que, después de todo, un varón tiene más oportunidades, más defensa, es más rentable como el que dice: y grado de crecimiento: porque un recién nacido estaría inerme frente a cualquier contingencia adversa, y sin embargo un muchacho demasiado mayor, y no digamos un hombre hecho y derecho, tendría que tener experiencias vividas, lo que supondría introducir elementos fraudulentos: Julia insinuaba que podría ser un muchacho como de diez o doce años, y justificar su falta de conocimiento y recuerdos con una amnesia, por ejemplo, esto sí que parecía folletinesco, ella se enfurruñó y dijo haz lo que te dé la gana; pero nada de eso, un chaval pequeño, un niño lo suficientemente mayor como para poder desplazarse solo, y sin embargo lo suficientemente pequeño como para no saber nada de nada, no saber ni siquiera hablar y que ello no sea patológico; por supuesto no un niño lobo, un chavalín como de dos o tres años, en todo caso el ser sustituto del Hermano Ons jamás tendrá noticia ni barrunto alguno de su fantástico origen: de modo que puede ser un niño de esa edad que debe empezar a aprenderlo todo: en cuanto a la transmutación maravillosa, deberá tener lugar en un paraje que, aunque aislado, esté sin embargo cercano al pueblo: para que el niño pueda ser rápidamente descubierto por algún vecino: no vaya a ser que después de todo se lo coma cualquier alimaña, recién salido del cascarón como quien dice: nada mejor que inventarse alguna gruta en la ladera, por ejemplo próxima al río, a lo mejor cerca de la casa del padre de Asunción: en tal gruta se introducirá el Hermano Ons una vez adoptada definitivamente su resolución: una oquedad defendida de modo natural de los bichos montunos, rodeada por ejemplo de grandes peñascos, y que sin embargo permita al infante abandonarla en su momento sin complejos esfuerzos, alguna pared de mantillo y hierba por fuera, ya se vería, el caso es que sea un útero telúrico: alfombrado acaso de hojas secas y arropado por la tibieza de la tierra, oliendo a tierra: juntaría un poco la condición de tumba postrera y de seno materno: allí el Hermano Ons comenzaría su metamorfosis misteriosa, y cuando la transformación esté concluida, por qué no en primavera, saldrá de la oquedad, ya para siempre consumido en él todo residuo que pudiera señalar lo que la sustancia que le generó era cuando el propio planeta Tierra no existía: y se integrará a la especie humana para seguir urdiendo la trama disparatada, para pasar como un soplo: llegarán alguna vez los Hermanos y no podrán encontrarlo: pero aunque nunca lo sabrán, puede que haya en el mundo muchos descendientes suyos: será un pensamiento risueño en el que casi adivina el tropel innumerable de Asunciones y Mateos amándose y asesinándose, cocinando, transformando la tierra en herramientas, escribiendo, pescando, bebiendo un vaso de vino al atardecer.

Y cuando abres los ojos hay una luz pálida en la alcoba: ha salido la luna y las cortinas descorridas dejan penetrar su fulgor sin tamices.

Sigue bruñida la plata infantil, pasan los años, pero no se han vuelto mustias las mágicas sugerencias del claror lunar.

Pacíficamente piensas: puede que me quede tiempo suficiente para darle un buen repaso.

Un buen repaso y hacer algo que sea una novela y no un relato larguirucho.

Acaso convendría entonces salirse de este marco argumental tan concreto: por ejemplo, no individualizar en exceso los protagonistas humanos, y que no transcurra en un lapso tan breve.

Acaso el perro podría ser un poco el tótem o la mascota de un linaje, de un pueblo. Sería el mismo perro aunque los hombres pensarían que eran sucesivos descendientes.

Y transcurrirían miles de años, desde la caverna hasta el tiempo de coincidir con Asunción y con Mateo, allá en los tiempos de la Primera Guerra Mundial. Esto dejarlo igual, porque justifica el tono rural y un poco amarillento de esa parte.

Y comprendes que es realmente necesario este replanteamiento, un nuevo esquema, un ciclo temporal suficientemente largo, bastantes generaciones humanas, que pasen más cosas, que haya más aventuras, más melodrama, más participación colectiva.

Pero que quede una novela de verdad, con cogollo.

Claro que tampoco un ladrillo como esos que están terminando con los lectores. Aunque a buenas horas, a la vejez viruelas.

Y comprendes que va a ser trabajoso, pero no hay más remedio, hay que rehacerlo todo, darle otra envergadura.

Un tono como de historia milenaria.

La última parte podría montarse sobre lo que ya está escrito, todo se pone oscuro otra vez porque sin duda se atravesó una nube, si lo que el médico te dijo es cierto te queda con seguridad todo el invierno, y bien organizado el tiempo cunde. Además, te encuentras físicamente perfecto.

Sin duda, potenciando lo demás, el propósito de transformación, el desenlace, tendrá mucha más fuerza y se podrá elaborar en un tono verdaderamente de ensoñación, sin necesidad de *cientifismo* alguno.

Quedará más claro que el Hermano Ons deberá reproducir en sí mismo todos los escalones de la historia que arranca de los bípedos peludos, y aún antes.

Con el material que hay queda una médula muy aprovechable. Y, sobre todo, lo que has pensado sobre el asunto, que ha sido tiempo y tiempo de darle vueltas en el magín. Porque el culo estaba bien para los escritores del diecinueve, pero con vistas a la novela del futuro se deberá usar sobre todo la cabeza.

En todo caso tendrás que imaginar, inventar, investigar miles de abuelos y abuelas soñados uno a uno, desmenuzados uno a uno en el camino de la herencia hipotética, hasta encontrar el esquema del último heredero, con todas las posibilidades y cualidades de un hombre individual.

Lástima no tener mucho tiempo por delante, porque podría quedar una historia interesante, con sus visos mágicos y todo.

Aunque es muy arriesgado mezclar lo fabuloso y lo real. La realidad debe estar siempre al quite.

Si me voy el viernes, el lunes puedo estar dándole ya. Y así sin parar, hasta cuando sea.

Después de toda esa imaginería de ancestros construirá un cachorro del hombre que va a ser, estructura precaria de huesos y músculos, pelos, uñas, dientes.

Un cachorro que, ignorante del mundo que le rodea, saldrá un día a la luz del sol.

Y puede que alguien lo recoja, pero también puede que se lo coma un lobo, que el asunto quede abierto, que termine ahí la novela.

Quedan cuatro meses hasta fin de año y luego quién sabe.

Estará ya en las pasiones de la especie humana, será uno de ellos.

Mañana llamo a Gordo y se lo digo.

Hay que dejar la novela mucho mejor. Por lo menos, poder decir ahí queda eso.

ÍNDICE

Este libro
se terminó de imprimir
en los Talleres Gráficos
de Mundograf, S. A.
Móstoles (Madrid)
en el mes de enero de 1993